दिशाओं का खुला आकाश

दिशाओं का खुला आकाश

(डायरी एवं नोटबुक के कुछ पृष्ठों से)

कुँवर नारायण

सम्पादन

यतीन्द्र मिश्र

वाणी प्रकाशन

वाणी प्रकाशन

4695, 21-ए, दरियागंज, नयी दिल्ली 110 002

शाखा

अशोक राजपथ, पटना 800 004

फ़ोन: +91 11 23273167 फ़ैक्स: +91 11 23275710

www.vaniprakashan.in
vaniprakashan@gmail.com

DISHAON KA KHULA AKASH
by Kunwar Narain
Edited by Yatindra Mishra

ISBN : 978-93-5072-200-8
Notes

प्रथम संस्करण
मूल्य : ₹ 325

ओम ऑफ़सेट, दिल्ली-110093 में मुद्रित

वाणी प्रकाशन का लोगो मक़बूल फ़िदा हुसेन की कूची से

भूमिका

दिशाओं का खुला आकाश– वरिष्ठ कवि, आलोचक एवं हमारे समय के अप्रतिम चिन्तक श्री कुँवर नारायण के रचनात्मक जीवन की ऐसी नोटबुक है, जिसे व्यापक प्रबुद्ध समाज के सामने लेकर वे पहली बार उपस्थित हैं। दरअसल यह पुस्तक कुँवर नारायण की डायरी, नोटबुक या जॉटिंग्स की किताब कही जा सकती है, जिसमें यह देखना अत्यन्त दिलचस्प है कि इस किताब का पूरा संयोजन न तो पूरी तरह डायरी है, न वह शत-प्रतिशत नोटबुक है और न ही वह अपने सम्पूर्ण कलेवर में जॉटिंग्स ही है। इस लिहाज़ से यह पुस्तक कुँवर नारायण के पिछले पचास-साठ वर्षों के अपने सृजन-काल में लिखी गयी अनगिनत साहित्यिक टीपों, कलात्मक टिप्पणियों, सामाजिक-राजनैतिक प्रश्नों एवं व्यक्तिगत जीवन की रोजमर्रा की ज़रूरतों का ऐसा मिला-जुला दस्तावेज़ है, जिसे हम उनके द्वारा लिखी गयी गद्य की एक अभिनव पुस्तक के रूप में परख सकते हैं।

इस पुस्तक से गुज़रते हुए यह जानना प्रासंगिक है कि कुँवर नारायण द्वारा अपने दैनिक जीवन में चुपचाप दर्ज़ की गयी अनगिनत बहुमूल्य लेखकीय सामग्री का छोटा सा अंश, नोटबुक या डायरी के इस चयन से परिलक्षित है। यह उनके कवि-मन के भीतर खुलने वाली वह खिड़की है, जिसे कुँवर जी सरीखा लेखक खोलने में बहुत झिझक महसूस करता रहा है। यह हिन्दी समाज और उसके सुधी पाठकों के लिए भी एक अवसर है, कि हम उनके ऐसे बौद्धिक चिन्तन की छोटी सी बानगी के साथ पहली बार रू-ब-रू हो रहे हैं।

दिशाओं का खुला आकाश में नोट्स बिलकुल असम्बद्ध तरीके से प्रस्तुत किये गये हैं। उन्हें उसी रूप में रखते हुए, कुछ अंश यहाँ

चुनकर देने के पीछे मंशा यही रही कि उनका स्वाभाविक रूप वैसा ही बना रहे– फिर भी अपनी समग्रता में वे कवि के लेखन और उसकी चिन्तना के कुछ आधार-बिन्दु दे सकें। इनमें परस्पर तालमेल बैठाने की कोई कोशिश नहीं की गयी है। दुहराव और विरोधाभासों को स्वीकारते हुए कि वे जीवन और लेखन दोनों ही में स्वाभाविक हैं।

यहाँ यह बताना जरूरी है कि इस छोटी सी आत्मीय पुस्तक में जीवन के अंश नहीं रखे गए, केवल कविता, साहित्य, रचनाकर्म, समाज और राजनीति से उनके अन्तस्सम्बन्ध पर टिप्पणियों का एक छोटा-सा संचयन बनाया गया है। यहाँ यह बताते चलना भी पुस्तक के स्वभाव एवं उसकी सामग्री के सन्दर्भ में ज़रूरी है कि कुँवर जी का ऐसा कोई इरादा नहीं था कि यह सारी सामग्री कभी पुस्तक रूप में छपेगी। वे बस इसे अपने लिए लिखते गये और धीरे-धीरे इन कॉपियों का एक बड़ा भण्डार उनके पढ़ने के कमरे और घर में अपना आयतन बढ़ाता गया। फिर भी, यह कुँवर जी की सदाशयता है कि पुस्तक के इस रूप में प्रकाशन तथा उसमें चयनित सामग्री को लेने की छूट की इज़ाज़त उन्होंने सहर्ष दे दी। अब, विचार-बिन्दुओं की शक्ल में, सूक्तिपरक उद्धरणों के कलेवर में तथा व्यक्तिगत स्तर पर स्वयं से संवाद करने की सूरत में यह पाठ्य-सामग्री आप सभी के सामने है।

इन वैचारिक टिप्पणियों के सन्दर्भ में कुछ बातें अलग से ध्यान आकर्षित करती हैं, जिनके कारण कुँवर नारायण जैसे रचनाकार के चिन्तक मन की सृजनशीलता पूरी संवेदनात्मकता के साथ खुलती नज़र आती है। उनका मानना है कि साहित्य और कलाओं का पक्ष मूलतः मानवीय होता है। वे मानवीय के भाव को बुद्धिमत्ता के श्रेष्ठतम उदाहरणों तक बारीकी से विस्तृत करते हैं। यह लेखक की स्थाई चिन्ता रही है, जिसकी ओर वह बार-बार लौटता है, जब भी वह बाहर की

दुनिया में विसंगतियाँ, विकृतियाँ, अन्याय, क्रूरताएँ और हिंसाएँ देखता है। वह मनुष्य की सभ्यता और संस्कृतियों के उस दूसरे इतिहास को याद करता है, जो उसकी रचनात्मक चेष्टाओं और उसके उदात्त नैतिक प्रयासों में पढ़ी जा सकती हैं। जीवन-रक्षा (सरवाईवल) की दृष्टि से भी उन्हें वह आदमी की आक्रामक वृत्तियों की अपेक्षा, अधिक वैज्ञानिक मानता है। यह अकारण नहीं है कि उनके जैसा रचनाकार इन्हीं आशयों के चलते विनम्रता की लचीली शक्ति में जीवन-विकास की बेहतर सम्भावनाओं को देखता है।

कुँवर जी के इन नोट्स की तुलना हिन्दी में उपलब्ध डायरियों और नोटबुकों से नहीं की जा सकती, क्योंकि इन्हें कवि ने अपनी शर्तों और चिन्तन की कसौटियों पर लिखा है। वे कई स्थानों पर अपने डायरी लिखे जाने के सरोकारों को भी लक्ष्य करते हुए कहते हैं– *'नोट्स लिखना मेरे लिये चिन्तन मनन का एक तरीक़ा है। एक ऐसा एकान्त जिसमें बैठकर मैं अपने और सबके बारे में अपनी तरह सोचता हूँ : कभी अपने बारे में ज्यादा, तो कभी दूसरों के बारे में ज़्यादा, लेकिन इस सोचने में विभाजन नहीं है, एक समावेशी ढंग है।'* ज़ाहिर है, उनकी वैचारिकता के आँगन में आने वाला अपने और दूसरों के जीवन को जोड़कर समावेशी संसार रचने का एक विनम्र उपक्रम ही, इन टिप्पणियों की सार्थकता है। अतः कई मायनों में उनके जैसे कवि-चिन्तक ने नोटबुक के इन पन्नों पर अतीत और आज, समाज और राजनीति, साहित्य और जीवन से होकर गुज़रती हुई अनगिनत मर्मस्पर्शी टिप्पणियों का एक अचीन्हा व अप्रतिहत संसार भी रचा है।

ऐसे में, यह जानना हमेशा ही हिन्दी साहित्य के परिसर में प्रासंगिक होगा कि एक लम्बा साहित्यिक जीवन जीते हुए, साहित्य, कलाओं तथा अन्य रचनात्मक अभिव्यक्तियों में चिन्तन करते हुए तथा

संकोच के साथ अपने जीवन और जीने की मुश्किलों को उजागर करते हुए कुँवर जी ने एक ऐसा समावेशी किस्म का जीवन जिया है, जिस पर बड़ी सी रोशनी यह पुस्तक डालती है। मात्र इतना कहना कि कवि ने अपने बारे में जितना कम कहा है, यह किताब उससे कई गुना ज्यादा उनके बारे में बोलती है– इस किताब की सबसे बड़ी खूबी बनकर उभर सका है।

शायद इसीलिए, सब दिशाओं में फैला और खुला हुआ कुँवर नारायण की रचनात्मकता का आकाश कुछ अधिक बड़ा, कुछ अधिक आत्मीय, कुछ अधिक सार्थक बन पाया है।

01 फरवरी, 2012 **–यतीन्द्र मिश्र**

डायरी एवं नोटबुक के कुछ पृष्ठों से...

7/8 13/8/03

छोटे छोटे टुकड़ों में
कटा पिटा चेहरा

टुकड़ों को जोड़ कर
एक आदमी की शक्ल बनाने की कोशिश

कहाँ
आँखों में कहाँ रखें
करुणा को कहाँ क्रूरता को एक साथ

और हँसी के लिए
कहाँ जगह बनायें
मांस नोचते दाँतों को
ढँकते होंठ पर

ऐसी कोई जगह नहीं मिल रही कानों को
चेहरे के भूगोल में
कहासुनी था कि वह अनसुनी कर सके
सिर में गूँजते विचारों को

नहीं
मुश्किल है
उजाड़ तितर बितर हो चुके
आदमी के टुकड़ों को
जोड़ कर फिर से आदमी बनाना

कोशिश
एक टूटे फूटे आदमी
को जोड़ने की

पहले आँखें —
दोनों को
बात मैं करता हूँ
कि करुणा
या क्रूरता की
जगह बनायें हँसी के लिए
मांस नोच भी सकते
को दाँतों के बीच

सिकुड़ी नाक को
खींच तान कर सीधा किया
ताकि आदमी सीधा में
साँस ले सके,
यह प्रयत्न भी
के दिल में गाली थी
या आने वाले
हादसों की गंध
ले सके

Date

विचारों और विचारधाराओं की जो उमड़-घुमड़

पिछली सदी में छाई रही वह बहुत कुछ इस नई सदी के शुरू होते-होते मानो अपने आप छंट गई है। एक [illegible] जल्दबाज़ माहौल में मानो पाठ गोया गहरे सोच विचार के लिए फुरसत का वक्त ही न हो। छोटे होते जाते कम्प्यूटर और बड़े होते जाते बाज़ार और उनके जीवन के ऊपर निरंतर प्रभाव की तस्वीर है जिसमें गहरे और बुनियादी सवालों पर सोच विचार की बहुत कम जगह बची है। एक औसत मामूली जीवन जीने के लिए भी इतनी लगातार भागदौड़ और व्यग्रता की ज़रूरत, बड़े किसी उद्देश्य के लिए सोचने तक की फुरसत नहीं। एक ऐसी जीवनशैली जिसका तानाबाना सिर्फ उपभोगों से बुना है। भाग-दौड़, मारा-मारी, ज़िन्दगी मारधाड़ वाली एक्शन फ़िल्मों की तरह लगती है। सब कुछ बहुत तेज़ी से हो रहा है जिसमें सोच विचार की कोई गुंजाइश नहीं। Films in the last 50 yrs reflect an interesting change that has been taking place in our life-styles. From a slow, settled thoughtful life-style to fast action-packed violent, flamboyant over-dramatic film. Marketable commodity rather than a serious concern with life-problems of an ontological nature.

10 जून, 1987

कविता विचारधारा नहीं होती, लेकिन उसमें एक विचारणीय भावकोण अवश्य होता है। 'चिन्तन' को लेकर किसी हद तक आज के कवि का काम बहुत आसान हो गया है : उसी तरह जैसे कभी 'धर्म' केन्द्र में था और एक कवि, चित्रकार या शिल्पकार का काम इस माने में आसान था कि उसके लिए एक बने-बनाए विचारकोण या भावकोण का आधार मौजूद था। मिल्टन के लिए ईसाईमत की बुनियादी मान्यताएँ स्वतः सिद्ध थीं, जिसे कविता का शिल्प या फॉर्म देना था। इसी तरह मार्क्सवाद भी हमें एक बना-बनाया विचारकोण देता है और एक कवि इस विचारकोण से भी जीवन को समझ और समझा सकता है। यदि उसमें मिल्टन की-सी प्रतिभा है, तो वह शायद उससे भी बड़ा काव्य दे सकता है, जितना *'पैराडाइज़ लॉस्ट'* है।

19 अगस्त, 1987

मध्ययुगीन राजनीति की पहचान धर्म के अत्यन्त निकट बनती थी। धर्म निरपेक्षता का सिद्धान्त उसके खिलाफ़ पहली राजनीतिक प्रतिक्रिया है। मध्य युगों में ऐसी कोई भी विचारधारा, जो धार्मिक चिन्तन के साथ नहीं थी, मुश्किल से जीवित रह सकती थी। गैलीलियो का प्रसंग इसका एक कटु उदाहरण है। कोई भी विचारधारा अपने अतिवादी रूप में तानाशाही रवैया अपना लेती है। इसका दूसरा छोर भी उतना ही सही है, जहाँ राजनीति स्वयं एक वैसा ही सा आतंक बन जा सकती है जैसा कभी धर्म था।

28 मई, 1989

सोवियत-संघ के विघटन के बाद मार्क्सवाद अब हमारे विचारों और व्यवहार की एक ज्यादा बड़ी दुनिया में आ गया है– उसके तमाम शब्द और 'पद' हमारी भाषा और सोच विचार का हिस्सा बन गये हैं।

जुलाई, 1989

साहित्य के सरोकारों के केन्द्र में अपनी सारी आकांक्षाओं, सफलताओं और असफलताओं के साथ हमेशा से एक 'सम्पूर्ण मनुष्य' रहा है। पिछले दशक की कविता में एक ख़ास तरह की राजनीति और पत्रकारिता की भाषा आई, जिसे 'आज के आदमी' की भाषा कहा गया। संसद में विभिन्न दलों की तरह साहित्य में भी विभिन्न दलों की राजनीति उनके साहित्य में ज्यादा मुखर हो गई। अपनी जमीन छोड़कर राजनीति की ज़मीन पर खड़े होते साहित्य ने अपने को एक ख़ास माने में कमजोर कर लिया। साहित्य की चिन्ताओं का क्षेत्र राजनीति से कहीं अधिक व्यापक और विस्तृत है। साहित्य की भाषा की पहुँच राजनीति की भाषा से कहीं अधिक गहरी, बहुआयामी, मानवीय और प्रामाणिक है तथा उन सभी चेष्टाओं और चिन्तनों से सन्दर्भ ग्रहण करती है, जिनमें मनुष्य लगा हुआ है।

13 जनवरी, 1990

समीक्षा वैज्ञानिक होते हुए भी विज्ञान नहीं है : कला है। रचनात्मक साहित्य के समानान्तर, केवल उस पर ही निर्भर नहीं, अपने में भी एक विषय है। समीक्षा काल्पनिक साहित्य नहीं है, काल्पनिक साहित्य के बारे में होते हुए भी। साहित्य के लिए जिस तरह ज़िन्दगी कच्चा माल है, समीक्षा के लिये उसी तरह साहित्य कच्चा माल है।

24 जनवरी, 1990

कविता आज किसी तरह का शाब्दिक वातावरण नहीं बना पा रही है। वह जनमानस पर एक अत्यन्त क्षीण प्रभाव है। आज जो भाषा जनमानस को सबसे अधिक प्रभावित कर रही है, वह कविता की भाषा नहीं है। वह सिनेमा, टी.वी., रेडियो, अखबार, पत्र-पत्रिकाओं, विज्ञापनों आदि की भाषा है। इन माध्यमों की भाषा कविता की भाषा को भी अपनी तरह इस्तेमाल करती है। कविता अपनी तरह इन माध्यमों का कम इस्तेमाल कर पा रही।

मई, 1991

अभी दस-बारह दिन पहले ही एक कविता लिखी है– ''सम्मेदीन की लड़ाई''। हो सकता है छपने तक इस कविता में अभी कुछ परिवर्तन करूँ। लेकिन इसके लिखे जाने के पीछे कुछ बातें अभी दिमाग़ में ताज़ा है.....उन्हें सोचा जा सकता है.....

इस कविता की बाहरी बनावट रेटारिक और विरुदावली शैली से काफ़ी कुछ लेती है : लेकिन वह कविता की मुख्य सूचना नहीं है, केवल एक सूचना का वाहन है। कहीं एक ख़बर छपी थो– किसी गाँव में एक मामूली-सा आदमी अकेला ही अन्याय के ख़िलाफ़ लड़ता है। अपने लिए नहीं, सिद्धान्त के लिए। यह नैतिक चेष्टा ख़बर-लायक़ बनायी गई यह भी मुझे उतनी ही बड़ी नैतिक कार्रवाई लगी; और वही कविता का केन्द्र या धुरी है......

"Poetry is the revelation of a feeling that the poet believes to be interior and personal (but) which the reader recognises as his own." — Salvatore Quasimodo

अप्रैल, 1994

सत्यजित राय के निकट सम्पर्क में आने का मौक़ा उन दिनों मिला, जब वे 'शतरंज के खिलाड़ी' फ़िल्म बना रहे थे, और लखनऊ कई बार आए। क्लार्क्स होटल में या मेरे घर पर अक्सर उनसे लम्बी बातें होती थीं। होटल में बराबर विघ्न रहता था, इसलिए घर पर बैठना ज़्यादा पसंद करते थे। मेरी सिनेमा में भी गहरी रुचि, तथा उनके साहित्य से भी गहन लगाव से विचारों का एक ऐसा चौराहा बनता था, जिसके इर्दगिर्द चहलक़दमी हम दोनों को अच्छी लगती थी। पुराने लखनऊ की नवाबी तहज़ीब के प्रति उनके मन में एक भावुक लगाव था। शरर की 'गुज़िश्ता लखनऊ' के प्रशंसक थे। कहते थे– किसी सभ्यता का सांस्कृतिक इतिहास इसी तरह लिखा जाना चाहिए– जीवन के विस्तृत फलक पर। नवाबी ज़मानों को प्रेमचन्द ने एक अशक्त, पतनोन्मुखी संस्कृति के रूप में देखा; जो अंग्रेज़ी साम्राज्यवाद का सामना नहीं कर सकी। उसमें ताक़त नहीं थी, केवल नज़ाकत और नफ़ासत भर बची थी। हमारी बातचीत में एक बार यह प्रसंग भी उठा था कि 'ताक़त' सिर्फ़ फौजी अर्थों में क्यों परिभाषित की जाए? जीने की कला के अर्थ में क्यों नहीं? 'शतरंज के खिलाड़ी' में मानिक दा पुराने लखनऊ की नवाबी रौनक़ की चमक-दमक को फ़िल्म में सजीव करने का लोभ नहीं संवरण कर पाए। कहानी मे ज़रूर इसकी गुंजाइश भी थी, लेकिन प्रेमचन्द की दृष्टि उस पर नहीं थी– नवाबी चरित्र के निठल्लेपन पर थी। कहानी और फ़िल्म के इस बुनियादी अन्तर की ओर मैंने उनका ध्यान खींचा भी था। मानिक दा इसे समझ रहे थे और एक पत्र में उन्होंने स्वीकार भी किया कि फ़िल्म उनके मन लायक नहीं बनी। लेकिन फ़िल्म पर हो रहे बड़े खर्चे की आपूर्ति भी ज़रूरी थी, जिसके लिए उन्हें थोड़ा ग्लैमर के पक्ष में समझौता करना पड़ा। फ़िल्म प्रेमचन्द से अधिक राय की कृति बनी। उनसे बातचीत की कई दिलचस्प यादें मन में हैं। उनसे मतभेद भी होते थे, पर उनके गहरे स्नेह में कभी कमी नहीं आई। आपसी सम्बन्धों को बहुत महत्त्व देते थे, तथा

अपने काम को लेकर बेहद परिश्रमी और सतर्क थे। उनकी तीखी व्यंग्य-बुद्धि उनके चेहरे पर कभी प्रकट नहीं होती थी : अल्पभाषी थे। एक छोटा-सा प्रसंग याद आता है। हम लोग क्लार्क्स होटल में बैठे हुए थे : मेरे एक रईस व्यापारी मित्र दिखे : हमें साथ देख कर पास आए। मैंने मानिक दा से उड़ता-सा परिचय कराया। मित्र गद्गद थे। एक मिनट भी न बीता था कि मानिक दा से बोले– 'कल आप हमारे घर पर खाना खाने आइए...' एक चकित नज़र उन पर डालते हुए मानिक दा ने धीरे से पूछा–'क्यों?'

जून, 1994

किसी भी विचारधारा से मैत्री एक बात है, उसकी नौकरी या गुलामी बिल्कुल अलग बात।

जून, 1994

"साहित्य शास्त्र का मतलब है साहित्य का विधिवत् वैज्ञानिक अध्ययन– एक कला के रूप में, संप्रेषण के एक माध्यम के रूप में, इतिहास में एक सांस्कृतिक अभिव्यक्ति के रूप में तथा मनुष्य की रचनात्मक चेष्टा के रूप में।"

जुलाई, 1995

साहित्य के संदर्भ में 'प्रतिबद्धता' (commitment) की अपेक्षा मुझे वाबस्तगी (involvement) शब्द अधिक सही लगता है। कमिटमेंट में आग्रह है : वाबस्तगी में जैविक आज़ादी और खुलापन है।

24 दिसम्बर, 1995

जीवन में साहित्य की सशक्त विवेचनात्मक उपस्थिति को उसकी सबसे बड़ी सामाजिक ज़िम्मेदारी के रूप में देखता हूँ। मैं मानता हूँ कि उसके प्रभाव को और उसके हस्तक्षेप को सामाजिक और राजनीतिक ही नहीं, वैचारिक स्तरों पर भी सक्रिय रहना चाहिए। साहित्य की स्थिति केवल अनुगामी नहीं। आगे बढ़कर अपनी बात निर्भयता से कह सकने की आज़ादी और योग्यता का परिचय भी उसे देना होगा। किसी कविता-संग्रह को मान्यता दिया जाना, हमारे बीच कविता के महत्त्व को रेखांकित करता है। आज अगर कविता कम पढ़ी और सुनी जा रही है, तो इससे यह आसान नतीजा निकाल लेना कि समाज को उसकी जरूरत नहीं, भयानक ज़ल्दबाज़ी होगी। कविता को भाषा के माध्यम से और अधिक प्रच्छन्न ढंग से हमारी चेतना में प्रवेश करना होगा। ज़्यादा स्थूल होकर नहीं, शायद और भी ज़्यादा आत्मीय होकर। मीडिया की होड़ में हम कविता को यांत्रिक ढंग से तो नहीं ही बदल सकते, लेकिन यांत्रिकता से ज़रा हटकर ऐसी एक जगह ज़रूर बना सकते हैं, जिसका ताल्लुक़ सबसे पहले हमारे मनुष्य होने की बुनियादी नियति से है। यानी एक ऐसा भावजगत जिसमें कुछ समय बिताकर हमें शान्ति और शक्ति मिले। जहाँ हम अपने रू-ब-रू होकर ज़िन्दगी को दैनिकता और व्यावसायिकता से ज़्यादा बड़े परिप्रेक्ष्य में भी रखकर सोच सकें। जीवन को यह अतिरिक्त आयाम देने की कोशिश में ही कविता की सबसे अधिक रचनात्मक और सार्थक हो सकने की संभावनाएँ निहित हैं।

26 दिसम्बर, 1995

कविता की शक्ति केवल नये बिम्ब दे सकने में ही नहीं है बल्कि अर्थ या अर्थों की एक नयी संस्कृति दे सकने में भी है। बिम्बहीनता का भी एक बिम्ब हो सकता है। जब हम कहते हैं 'आकाश', तो उसका अर्थ

केवल 'शून्य' नहीं– शून्यता का एक बिम्ब भी है और वह सब भी हो सकता है, जो इस शून्यता में है– या उससे निकाला जा सकता है। ख़ास बात है कि हम एक कविता में इस शून्य को किस तरह या किस जगह रखते हैं। केवल एक शून्य की तरह या उसे किसी अंक की बाईं-दाईं तरफ? निरर्थकता तो ठोस बिम्बों द्वारा भी रची जा सकती है, किन्तु एक सार्थक कविता का शिल्प बाहरी से अधिक भीतरी होता है। बिम्ब का दर्जा अलंकरण का है, लेकिन एक कविता का अन्तःकरण इस अलंकरण का मुहताज नहीं। बिल्कुल सहज, सीधी और कबीरी सादगी से भी वह अपने सौन्दर्य और संस्कृति को प्रकट कर सकती है। मेरी मंशा बिम्बों का निषेध नहीं। उनके महत्त्व को स्वीकार करता हूँ– पूरी तरह, पर इस तरह नहीं कि वे काव्य रचना में प्राथमिक महत्त्व रखते प्रतीत हों। सहायक उपकरण की तरह कविता में उनका योग महत्त्वपूर्ण है।

'The poet is the priest of the invisible.' — Wallace Stevens

जून, 1996

वर्ष 1946– जुहू (मुम्बई) में। आचार्य नरेन्द्र देव के साथ। समाजवाद-मार्क्स और बौद्धधर्म पर उनकी बातें सुनना मेरे लिए मेरी शिक्षा का सबसे महत्वपूर्ण/प्रभावी अनुभव रहा। उनकी सारी बातों को गहराई से समझना उस समय मेरे लिए असंभव था, पर उससे आगे अध्ययन की एक पुख़्ता ज़मीन बनी। यह बात कहीं गहरे मन में आज तक बैठी हुई है कि पढ़ने लिखने की दुनिया में पूरब पच्छिम, उत्तर दक्षिण आज और कल नहीं होता। ज्ञान का वह पूरा भण्डार होता है, जिसे मनुष्य-जाति ने सदियों में हासिल किया है।

एक दिन चर्चा में अमरीकी समाजवादी उपन्यासकार अप्टन सिन्क्लेअर का जिक्र करते हुए आचार्य जी ने मुझे उसका "वर्ल्ड्स एन्ड" उपन्यास पढ़ने को दिया। पांच-उपन्यासों की शृंखला की वह पहली कड़ी

थी। बहुत रोचक लगी। शेष चारों उपन्यास भी पढ़े। अब सिन्क्लेअर का नाम सुनायी नहीं देता। पर कभी-कभी किसी साधारण कृति का भी असर देर तक बना रहता है। उसका एक उदाहरण अब तक याद है– एक कलाकार का हवाई गुब्बारे में आग लगने से मुंह झुलस जाता है। उसका चेहरा कुरूप और डरावना हो जाता है। वह आत्मनिर्वासन का जीवन जीता है। अपने अकेलेपन पर उसकी एक मार्मिक टिप्पणी है–

"हजारों कारण हो सकते हैं कि जीवन में हमें प्रेम न मिले। तब दुर्भाग्य से लड़ने के लिए अपने आंतरिक संसाधनों पर भरोसा ही एकमांत्र रास्ता बचता है। एक नए जीवन का आविष्कार करना पड़ता है।"

12 अप्रैल, 1997

आज पं. जसराज को सुनते हुए एक बार ऐसा लगा मानो भारतीय शास्त्रीय संगीत दरबारों और राजसी महफ़िलों की 'निकट परम्परा' से निकलकर पुनः मन्दिरों की ओर लौट रहा है– किसी 'सुदूर अतीत' की यादों को ताजा करता हुआ। उसे स्थूल अर्थों में 'धार्मिक' कहना गलत होगा। भक्तिभाव में डूबी उसकी आत्मिक तन्मयता में संगीत का उदात्तीकरण है, उसका स्थूल में इंद्रियानुराग नहीं। यह संगीत का उपयोग मात्र नहीं, संगीत के माध्यम से उपासना है। सर्वोत्तम गायन के सभी गुण उसमें मौजूद हैं, लकिन उनका लक्ष्य हमारे ऐंद्रिय आवेगों की उत्तेजना मात्र नहीं है, हमें आत्मानुभूति के शिखर क्षणों तक ले जाना है– जहाँ हम शरीर को भूलकर ऐसी मनोदशा में प्रवेश कर जाते हैं, जिसके लिए ही शायद 'नाद-ब्रह्म' की कल्पना की गयी है।

दरअसल, भारतीय संगीत ने– (बल्कि कहना चाहूँगा भारतीय कलाओं ने) कभी भी अपने आध्यात्मिक मूलाधार को पूरी तरह त्यागा नहीं, यही उसकी मूल अस्मिता और पहचान है। ध्रुवपदीय अतीत ख्याल गायकी में भी पूरी तरह स्पंदित रहा। तानसेन का संगीत मुगलों की रुचि

के सामने आत्मसमर्पण नहीं था : मुगलों की रुचि को एक नया अनुभव देता था। सारे सामंती दबावों के बावजूद ख्याल गायकी का मिजाज़ मूलतः धार्मिक रहा– धार्मिक, फूहड़ अर्थों में नहीं, परिष्कृत और सुसंस्कृत अर्थों में। भक्ति शब्द के भी सूक्ष्म अंतर्भेदों को समझना होगा अन्यथा हम (उदाहरण के लिये) पं. जसराज और कुमार गन्धर्व की गायकी के उस सूक्ष्म अन्तर को नहीं पकड़ पाएँगे, जो सगुण और निर्गुण भक्त कवि-गायकों (या गायक-कवियों) में था। जो फर्क सूरदास और कबीर की कविताओं में है। मोटे तौर पर, भावना का उद्रेक अगर सगुण उपासना (साधना) का मूल-तत्त्व था, तो निर्गुण निराकार अनुभूति किसी हद तक एक भीतरी आराधना की शान्त 'आत्मवान भव' (की स्थिति की ओर ले जाता था!) के साथ एक-लय होने की साधना थी। अंततः तो दोनों ही हमें एक आंतरिक आनन्द लोक में विदेह करते हैं– लेकिन दोनों के रास्ते अलग-अलग हैं। सगुण का रास्ता अधिक रसात्मक है। आलम्बन चाहे राधाकृष्ण हों, चाहे रामसीता, सगुण उपासक भौतिक सौन्दर्य को लेकर निरपेक्ष नहीं– और उसके माध्यम से ही मुक्ति खोजता है। निर्गुण निराकार का मूल आधार वेदांतिक रहस्यवाद है– शुद्ध आत्मानुभूति–देह का उल्लंघन करके–दार्शनिक और वैचारिक आह्लाद। एक में अगर दैहिक आवेगों के विरेचन द्वारा 'स्व या आत्म' का उदात्तीकरण है, तो दूसरे में सीधे उस ब्रह्मानन्द की प्राप्ति है, जिसके लिए शारीरिक सुख गौण, मिथ्या और दुखमूलक है। सूफी सन्त मूर्त्तिपूजक नहीं थे, इसीलिए उन्होंने अद्वैत के निराकार भाव को भरपूर अपनाया। कबीर की कविता उस समन्वय को शायद सर्वोत्तम उदाहरण है। उसमें संसार को लेकर विरक्ति है, पर 'रस' का आत्मिक भाव में–सत् चित् आनन्द स्वरूप हो जाने में बृहत्तर पूर्ण निष्पत्ति है। इस 'आनन्द' का आधार देह को नहीं आत्म (चेतना) को माना।

भारतीय कलाओं के बारे में सोचते वक्त अकसर हम भारतीय जनमानस पर सदियों से पड़ते रहे भक्ति कला और साहित्य के गहरे-अत्यन्त गहरे संस्कारों को दरगुजर कर जाते हैं। यह एक विशद भाव-संपदा है–

अपने सगुण और निर्गुण रूपों में अत्यन्त समृद्ध और शक्ति सम्पन्न! ऐसा न होता, तो इतनी दीर्घ ऐतिहासिक उथल-पुथल के बावजूद उसका मूल आत्मिक स्वरूप उतनी सफाई से बचा न रहता कि आज भी जब हम पं. जसराज, कुमार गन्धर्व, भीमसेन जोशी, किशोरी अमोनकर, मल्लिकार्जुन मंसूर, अमीर ख़ाँ, राजन-साजन मिश्र, गुंदेचा बन्धुओं आदि नवीनतम गायकों को सुनते हैं, तो उनका संगीत हमें पुराने जमाने की चीज़ नहीं लगता। हम उसके साथ एक खास तरह का तादात्म्य (जुड़ाव) अनुभव करते हैं, उसके शुद्ध शास्त्रीय स्वरूप के बावजूद। यह जुड़ाव सामान्य लोकप्रियता वाला सतही जुड़ाव नहीं है– कहीं गहरे हमारे सामूहिक अंतर्मन की स्मृतियों से जुड़ाव है।

कई तरह की बातें मन में उठती हैं– खासकर परम्परा के आशय और भारतीय अस्मिता तथा पहचान के सवालों को लेकर। परम्परा को लेकर भारतीय संगीत दृढ़ और लगभग बेलोच रहा है। आधुनिकता की आँधी में भी उसके पाँव उखड़ने नहीं पाए। वह पश्चिम में भी गया तो अपनी शर्तों पर। पश्चिमी प्रभावों को उसने अपने घर में नहीं बैठने दिया और अन्ततः उसे पश्चिम ने स्वीकार किया, तो शायद इसी बात से प्रभावित होकर कि वह पूरी तरह से पूर्व की अपनी चीज़ है। उसका बुनियादी आकर्षण उसका बिल्कुल अपनी तरह होना है– यानी उसकी एक बिलकुल विशुद्ध भारतीय पहचान बनती है। यह अलग पहचान उसकी ताक़त है, जिसे अक्सर उसकी कमजोरी या पिछड़ापन कहकर खारिज किया जाता रहा है। लेकिन ऐसा भी नहीं कि भारतीय संगीत ने बाहरी प्रभावों को ग्रहण ही न किया हो। वैदिक संगीत से लेकर भारतीय शास्त्रीय संगीत भी कई महत्त्वपूर्ण परिवर्तनों से गुज़रा है। ख़्याल गायकी स्वयं वैसे ही एक बड़े परिवर्तन का नतीज़ा है, लेकिन ज़रूरी बात यह है कि इससे ध्रुपद की परम्परा समाप्त नहीं हो गयी : उसके समानान्तर एक नयी गायन शैली का जन्म हुआ, जो ठेठ भारतीय ज़मीन पर पल-पुस कर बड़ी हुई।

28 फरवरी, 1998

मत बनाओ ये मन्दिर, मस्ज़िद, गिरजे, आश्रम, संघ वगैरह। धर्म-भावना मूलतः परित्यागी है। भारतीय धर्म-दर्शन एकान्तों में पनपा है। वह आरण्यक है। उसे आकाश की स्वच्छता और स्वच्छन्दता चाहिए। दीवारों से घिरते ही वह 'शरीर' हो जाता है। वह ज्ञान विशुद्ध 'आत्मा' रहना चाहता है। उसे अमीर-ग़रीब मत बनाओ, उसे अपनी दुनियादारी से मुक्त रहने दो।

10 मार्च, 1998

हमारे अन्दर की दुनिया बाहर की दुनिया से कहीं ज्यादा बड़ी है। हम उसका विस्तार नहीं करते। बाहर की अपेक्षा उसे छोटा करते चले जाते और उसे बिल्कुल निर्जीव बना लेते हैं। आज़ादी, पूरी आज़ादी, अगर कहीं सम्भव है, तो इस भीतरी दुनिया में ही, जिसे हम बिल्कुल अपनी तरह समृद्ध बना सकते हैं– स्वार्थी अर्थों में सिर्फ़ अपने लिए ही नहीं, निस्वार्थी अर्थों में दूसरों के लिए भी। जिन विशेष अर्थों में एक सन्त का जीवन दूसरों के लिए भी महत्त्व रखता है, और स्वयं अपने लिए तो विशेष महत्त्व रखता ही है।

10 मार्च, 1998

जिस गली में आजकल रहता हूँ– वहाँ एक आसमान भी है, लेकिन दिखाई नहीं देता। उस गली में पेड़ भी नहीं हैं, न ही पेड़ लगाने की गुंजाइश है। मकान ही मकान हैं। इतने मकान कि लगता है मकान पर मकान लदे हैं। लँदफँद मकानों की एक बहुत बड़ी भीड़, जो एक संक्री गली में फँस गई है और बाहर निकलने का कोई रास्ता नहीं है।

जिस मकान में रहता हूँ, उसके बाहर झाँकने से 'बाहर' नहीं– सिर्फ़ दूसरे मकान और एक गन्दी व तंग गली दिखाई देती है। चिड़ियाँ दिखती हैं, लेकिन पेड़ों पर बैठी, या आसमान में उड़ती हुई नहीं। बिजली या टेलीफ़ोन के तारों पर बैठी, मगर बातचीत करती या घरों के अन्दर यहाँ-वहाँ घोंसले बनाती नहीं दिखतीं। उन्हें देखकर लगता मानो वे प्राकृतिक नहीं, रबर या प्लास्टिक के बने खिलौने हैं, जो शायद ही इधर-उधर फुदक सकते हों, या चूँ-चूँ की आवाज़ें निकाल सकते हों।

मैं ऐसी संकरी और तंग गली से, मकानों की एक बहुत बड़ी भीड़ से, बिजली या टेलीफ़ोन के तारों से उलझे आसमान से एवं हरियाली के अभाव से जूझते अपने मुहल्ले से बाहर निकलने की भारी कोशिश में हूँ।

28 मार्च, 1998

हम सब एक ही तरह के स्वप्न देखते हैं, लेकिन हम में से हर एक की परिस्थितियाँ अलग-अलग हैं। हमारे बीच तनाव का मुख्य कारण हमारे स्वप्न नहीं, परिस्थितियों की भिन्नता है। परिस्थितियाँ बदल जाने से भी स्वप्न नहीं बदलते। लेकिन हम अपने सपनों को इस तरह ज़रूर बदल सकते हैं कि परिस्थितियों की कटुता कम हो जाय।

28 मार्च, 1998

नयी-नयी जगहों में घूमते हुए अकसर मुझे एक अजीब-सी अनुभूति होती है– मानो मेरे जीवनानुभवों का वृत्तान्त अलग-अलग समयों में, अलग-अलग जगहों में, अलग-अलग भाषाओं में, अलग-अलग व्यक्तियों से कुछ एक ही तरह से लिखा जा चुका है। यह अनुभूति ऐसी जगहों पर तीव्रतम और स्पष्टतम होती है, जो किसी कवि या लेखक के नाम से जुड़ी हो। इसकी एक बिल्कुल स्थूल व्याख्या यह हो सकती है कि स्वयं कवि होने के नाते

मैं अपनी पहचान का दूसरे कवि या लेखक के साथ अनायास विनिमय कर लेता हूँ, और उसकी नज़र को अपनी बना कर उसके समय और उसकी जगह में संतरण कर जाता हूँ। एक हद तक उसमें विचरण या रमण करने लगता हूँ। लेकिन मेरे मन में इस अनुभव की इतनी सरल और सीधी व्याख्या नहीं है। एक लेखक की जीवनी और उसके लेखन से हमारे अन्तर्मन में दबी पड़ी अनेक लुप्तप्राय ऐसी स्मृतियाँ भी जाग्रत हो सकती हैं, जिनका स्रोत मनुष्य-जाति के सामूहिक अनुभवों या आदिकालीन अनुभवों में होता है। यह केवल कल्पना-विलास नहीं है : लगभग एक दूसरी तरह के भाव में प्रवेश है। अच्छा लेखन या अच्छी कविता हमारे अन्दर के निहित या सुषुप्त स्रोतों का आसानी से स्पर्श कर लेती है। हम जो पढ़ते, लिखते या जानते हैं, वह केवल चेतन-स्तर पर ही हमारे अन्दर नहीं होता : अवचेतन, या शायद उससे भी गहरे कहीं पहुँच सकने की क्षमता उसमें होती है।

7 मई, 1998

अनजान व्यक्ति जीवन को कौतूहल से देखता है, जबकि जानकार उसे कौतुक से। इस 'देखने' का महत्त्व है कि हम संसार को किस 'दृष्टि' से देखते हैं। संस्कृत में 'पश्य' (देखना) का बुनियादी महत्त्व है।

या निशा सर्वभूतानां तस्यां जागर्ति संयमी।
यस्यां जाग्रति भूतानि सा निशा पश्यतो मुनेः ॥

—गीता, अध्याय 2, श्लोक 69

07 मई, 1998

बुद्ध आत्मचिन्तन में इतने गहरे डूब जाते हैं कि वे अपने पूर्वजन्मों *(जातक)* तक को देख लेते हैं। पश्यन्ती, मानो वे अपने जीवाश्मों में संचित स्मृतियों के अतीत युगों में प्रवेश कर जाते हैं। अभौतिक समय में उनकी

चेतना विचरण करती है। कबीर की रमैनी (रमण) याद आती है। यह देह-मुक्त चेतना, आत्मा की विदेह अवस्था है, जो समय या काल के साथ एक नया रिश्ता बनाती है। इस रिश्ते में आगे-पीछे या कल-आज-कल का अनुक्रम या कल्प-विकल्प नहीं है।

अतः सबसे पहले 'देखने वाले' और 'देखने' की प्रकृति को ठीक से और पूरी तरह जानना ज़रूरी है। अन्यथा हम भ्रम, मिथ्या, स्वप्न को ही यथार्थ समझ बैठेंगे। इस देखने वाले 'द्रष्टा' को जानना, सम्पूर्ण स्वप्न-जगत के 'स्रष्टा' को जानना है। यानी, स्वप्नावस्था से जागकर सोने वाले को और जागने वाले को ही नहीं देख पाना है, बल्कि इन दोनों को देखने वाली 'चेतना' को भी देख सकना है। यह *'बृहदारण्यक'* में एक अत्यन्त गूढ़ और मार्मिक श्लोक के माध्यम से आया है :

स्वप्नान्तं जागरितान्तं चोमौ येनानुपश्यति
महान्तं विभुमात्मानं मत्वा धीरो न शोचति

सही 'देखना' इस पर निर्भर करता है कि हम कहाँ खड़े होकर– कहाँ अपने को स्थित करके– जीवन और जगत को देखते हैं। अगर हम ग़लत जगह या ग़लत तरह खड़े हैं, तो ज़ाहिर है हमारा 'दृष्टिकोण' भी गलत हो जायेगा। मसलन, अगर हम 'कील' से लगकर खड़े हैं, तो स्थिर होकर दुनिया को अपने चारों ओर घूमते हुए देखेंगे। अगर चाक पर कहीं खड़े हैं, तो चाक की गति का वेग हमें बराबर बाहर की ओर फेंकेगा और हम अस्थिर रहेंगे। अगर हम अपने या स्वयं के आत्मज्ञान से लगकर खड़े हैं, तो स्वयं स्थिरता में रहकर बाहर की गति एवं अस्थिरताओं को देखेंगे– अन्यथा स्वयं गिरते-पड़ते रहेंगे।

14 जून, 1998

दुनिया की सारी कविताओं से, एक कविता कम की लगातार

दूरी पर मैं एक उम्मीद की रफ़्तार से चल रहा हूँ और सूर्यास्त से पहले वहाँ पहुँचना चाहता हूँ, जहाँ अन्धेरा न पहुँच सके।

21 जून, 1998

पश्चिमी दर्शन में 'स्वतंत्रता' और 'संघर्ष' जैसे शब्दों की प्रमुखता में हम उस मूल दृष्टि-भेद को पाते हैं, जो मोटे तौर पर 'आत्मिक' और 'भौतिक' वर्गों में स्वयं विभाजित होता है। एक में यदि 'प्रकृति और पुरुष' की एकता की कल्पना है, तो दूसरे में 'प्रकृति या पुरुष' की विभक्तता।

ज़ेन कहता– प्रकृति की महाप्रशान्ति में निर्द्वन्द्व होकर बहो, उसमें खलल मत डालो। तुम वही हो जो 'वह' है। उसे अपने बनाये नियमों में मत बाँधो। उसकी सहज, स्वच्छन्द अनियमितताओं का वरण करो– पत्थरों से घबराओ मत, उनके बीच से गाते हुए हवा पानी की तरह बहो, वे भी तुम्हारे साथ गाने लगेंगे।

8 अगस्त, 1998

सही और सम्पूर्ण साहित्य वह है, जिसे हम दोनों आँखों से देखते हैं– सिर्फ़ 'बायीं' या सिर्फ़ 'दायीं' आँख से नहीं।

11 सितम्बर, 1998

मौन का अर्थ केवल शोर(ध्वनि) की अनुपस्थिति नहीं है। मौन की अपनी एक सशक्त ध्वनि प्रतिध्वनि की प्रस्तुति है– शोर से कहीं अधिक तीव्र। मौन की प्रतिध्वनियों की कई तहें होती हैं। उनमें अनन्त का नाद-निनाद शामिल है। एक हद के बाद मौन की अन्तर्ध्वनि असह्य हो जा

सकती है– इतनी तीव्र कि कानों के पर्दे फट जाएँ। अगर शोर, या महाशोर, बाहर की ओर मुड़ा, विस्फोट है, तो मौन भीतर की ओर मुड़ा अ-स्फोट का विवर है– ब्लैकहोल की तरह सब कुछ को लील जाने में समर्थ।

अक्तूबर, 1998

ज़रूरी नहीं कि पूरी दुनिया ही तकनीकी चूहा-दौड़ में शामिल ही हो जाय। तकनीक में इस समय जो देश सब से आगे हैं वे सब से सुखी और संतुष्ट जीवन जी रहे हों ऐसा भी नहीं है। वैसे भी, ज़्यादा आबादी वाले देशों में ज़्यादा तकनीकी हस्तक्षेप का एक असर यह भी हो सकता है कि आबादी का काफ़ी बड़ा हिस्सा, जीवन-यापन (प्रकृति) के सीमित संसाधनों के छिन जाने से बेरोज़गार हो जाये। बड़े-बड़े औद्योगिक और कारोबारी संस्थानों की समृद्धि से उन्नति और प्रगति का एक भ्रम हो सकता है जबकि आबादी का अधिकांश हिस्सा उस समृद्धि में भागीदारी से वंचित ही रहे।

भारत में उच्च कोटि की मेडिकल व्यवस्था आज उपलब्ध है, पर कुछ सम्पन्न वर्ग के लिए ही– सब के लिए नहीं। औसत आय वाले वर्ग तक के लिए नहीं।

12 नवम्बर, 1998

बुद्ध का 'प्रथम' गृह-त्याग शारीरिक था। उससे उन्हें 'शान्ति' या 'निर्वाण' प्राप्त नहीं हुआ। बुद्ध का 'दूसरा' गृह-त्याग आत्मिक था– शरीर में अशरीरी निवास– अतिथि की तरह–परिव्राजक, अनिकेत। घर दूसरे का है; नष्टधर्मा है, हम पवन की तरह उसमें 'होते' हुए भी उसमें कैद नहीं, उससे मुक्त हैं। घर न तो हमें 'आकार' देता है, न ही 'अस्तित्व'। हम 'घर' को आकार और अस्तित्व देते हैं और मान बैठते कि मेरा घर ही मैं हूँ। मैं,

मेरा घर नहीं, मैं उसमें केवल हूँ– इस पल हूँ, उस पल नहीं हूँ। बालू का घरौंदा बनाकर खेल रहा हूँ– हवा और लहरों के साथ... इस खेल का आनन्द लें। मिटते हुए घरौंदे पर केवल बच्चे रोते हैं, प्रौढ़ नहीं।

12 नवम्बर, 1998

बिल्कुल चुपचाप बैठकर सिर्फ अपने बारे में सोचें। कोशिश करें कि 'दूसरे' या 'सब', कहीं भी उस आत्मचिन्तन के बीच में न आयें। इससे दो फायदे होंगे। एक तो, हम अपने को जान सकेंगे कि हम स्वयं क्या हैं, जो दूसरों के बारे में सब कुछ जानने का दम्भ रखते हैं। दूसरे, हमारे उस हस्तक्षेप से दूसरों की रक्षा होगी, जिसके प्रतिक्षण मौजूद रहते वे अपने बारे में न तो संतुलित ढंग से सोच पाते हैं, न सक्रिय हो पाते हैं। दूसरों के सोच-समझ में भी उतना ही भरोसा रखें, जितना हमें अपने सोच-समझ में है।

हर एक के प्रति हमारे मन में सहज सकारात्मक स्वीकृति का भाव होना चाहिए। दूसरा अन्य नहीं, अन्यतम है, हमारे ही प्रतिरूप, हमसे अलग या भिन्न नहीं।

12 नवम्बर, 1998

अगर भगवान् अभी, यहीं, इसी वक्त हमारे साथ नहीं हैं; तो वह कहीं नहीं है। इसके मतलब हैं– हमने उसे अपने से, 'अभिन्न' जाना और पाया ही नहीं! उसे 'कहीं और' रखकर पूजते रहे; और वह हमेशा 'कहीं और' ही रहा। हम कहीं और रहे। उसे अपने 'साथ' रखें, तो कहीं और जाने या कहीं और देखने या कहीं और खोजने की जरूरत ही नहीं। वह हमारा आत्मबल है।

दिसम्बर, 1998

गहरे अंतर्द्वंद्व से उपजी विजयदेव नारायण साही की कविताएँ बाहरी और भीतरी यथार्थ के बीच जिस सन्तुलन को पाने की कोशिश करती हैं, या फिर जिस मोहभंग में विघटित होती हैं, दोनों ही में हम अत्यन्त सतर्क और संवेदनशील चेतना को सक्रिय देखते हैं। इस अर्थ में साही निराशावादी बिल्कुल नहीं हैं, बल्कि साहसिक और खोजी हैं। इतिहास हो चाहे वर्तमान, उनकी दृष्टि मनुष्य के सबसे संवेदनशील और टिकाऊ प्रयत्नों को रेखांकित करती है। साही के काव्य में सांस्कृतिक और ऐतिहासिक सन्दर्भों की अद्‌भुत सम्पन्नता है।

'साखी', इस बात का उत्कृष्ट उदाहरण है कि साहित्य जिस यथार्थ का साक्षी है और जिस रचनात्मक कल्पनाशीलता की अभिव्यक्ति है, उनके बीच तनाव एक अत्यन्त सन्तुलित ही नहीं; मूल्यवान रचनात्मक ऊर्जा का भी स्रोत हो सकता है। इसीलिए उनके काव्य में लगातार एक ऐसी शक्ति का स्फुरण महसूस होता है, जिसमें क्रोध या आवेश का उथला प्रदर्शन नहीं, सधी हुई ताकत की क्लैसिक दृढ़ता है।

14 जनवरी, 1999

कविता द्वारा अनुभवों की तीव्रता बिल्कुल अलग तरह संप्रेषित होती है, उस तरह सिलसिलेवार नहीं जैसे उपन्यासों में। स्मृतियों का एक उन्मुक्त संसार होता है जिसमें वह विचरण कराती है। कुछ ठिकाने भर होते हैं, दूर से ही चमकते... उन तक पहुंचने की पक्की राहें नहीं होतीं! कल्पना से तय किये जाने वाले फ़ासले होते हैं। शब्द पंख हो जाते हैं! मन पंछी।

14 जनवरी, 1999

एक अनुत्तेजित जीवन का अर्थ एक निष्क्रिय जीवन नहीं है–

अनुशासित जीवन है। उत्तेजना बुद्धि-जनित होती है, आंगिक नहीं : अतः बुद्धि द्वारा ही उसका नियंत्रण भी आवश्यक है। नियंत्रित ऊर्जा में अपव्यय नहीं, उपार्जन भी है। व्यय होने के साथ-साथ उसमें संवृद्धि भी होती चलती है। जैसे, जब एक चुम्बकीय-क्षेत्र में विधि से बांधे गए तारों की गांठ को तेज़ी से घुमाया जाता है तो बिजली उत्पन्न होती है। इसे घुमाने में ऊर्जा लगती है। चुम्बकीय-क्षेत्र मनुष्य के बुनियादी आवेगों (बेसिक इन्सटिन्क्ट्स) से तुलनीय है। यह क्रिया प्रक्रिया रचनात्मक है अराजक और उत्पाती नहीं, क्योंकि वह उच्छृंखल नहीं, संयत है। क्योंकि उसके पीछे एक निश्चित लक्ष्य तक पहुंचने की योजना है। वह नियंत्रित शक्ति है, काबू से बाहर नहीं। लेकिन इस नियंत्रित या संगठित शक्ति का भी भला या बुरा दोनों तरह का उपयोग या दुरुपयोग संभव है। जैसे एक अणु स्वभाव से निरीह होता है, लेकिन उसे छेड़ कर उग्र बनाया जा सकता है। उससे विस्फोटक ऊर्जा का अथाह पुंज निकल सकता है। उसके सदुपयोग का विवेक हम में होना चाहिए। इस 'विवेक' का विकास विज्ञान और टेकनोलॉजी के विकास से बिल्कुल दूसरी तरह की समझ का मामला है।

27 अप्रैल, 1999

होमर के 'इलियड' के वर्णनों में भयानक वास्तविकता है। 'महाभारत' के युद्ध के वर्णन 'मिथकीय' लगते हैं। बावजूद इसके 'महाभारत' के नैतिक द्वन्द्व कहीं अधिक यथार्थ, कहीं बड़ा युद्ध लगता है, 'इलियड' की तुलना में। महाभारत के कर्म की आधारभूमि– कुरुक्षेत्र के आत्म का स्वरूप, सबसे पहले विचारणीय है और बाहरी युद्धों से कहीं अधिक नाटकीय व सीख देने वाला भी।

एक कवि की ख्याति ऐसी हो जो सुगन्धि की तरह फैले, न कि ढिंढोरे की तरह पिटे।

09 मई, 1999

सिनेमा के शुरुआती दिन याद आते हैं, जब न्यू थिएटर्स और प्रभात टाकीज़ की फ़िल्में 'हिट' हुआ करती थीं और जनमानस पर छा जाती थीं। वे सिर्फ़ पैसा कमाने का नुस्खा नहीं होती थीं, उनका एक सन्देश, एक मिशन भी होता था कि अगर जनमानस को उत्तेजित करना है, तो वह सादगी के प्रति उत्साहित हो; बुरे के प्रति आकर्षित न हो। आज भी, जब हम चार्ली चैपलिन, सत्यजित राय, ऋत्विक घटक, मृणाल सेन, श्याम बेनेगल या अदूर गोपालकृष्णन को याद करते हैं, तो मारधाड़ की छवियों के लिए नहीं, उन उदात्त मानव मूल्यों के लिए; जो इन फ़िल्मों से प्रोत्साहित होते हैं। मैं इस तर्क को कभी नहीं समझ सका कि पैसा कमाने का तंत्र सामाजिक और नैतिक दृष्टि से भी ज़िम्मेदार क्यों नहीं हो सकता? मारधाड़ और सेक्स को पेशा बनाकर ही अगर धन कमाना है, तो फिर नितान्त अनैतिक और अनुचित ढंग से तथा इस ढंग से धन कमाने में क्या अन्तर बचता है? मानव गरिमा का इतना सस्ता सौदा! हमारी आज की फ़िल्मों का प्रदर्शन इतना कुटिल और फूहड़ क्यों है? क्या हम कोई भी उदात्त और उच्चकोटि के मूल्य को ग्रहण करने में सर्वथा असमर्थ हैं?

21 जून, 1999

कबीर की उलटबासी अगर उनके भौतिक जगत का देह समेत विध्वंस है, तो उनका रहस्यलोक इसी मलबे से उनके प्रति-संसार का निर्माण। कबीर अद्भुत साहस से इस प्रति-संसार की प्रामाणिकता और सच्चाई को भी अपने विकट संदेह के दायरे से बाहर नहीं रखते, बेलाग होकर पूछते हैं–

प्रथमे दिवस कि प्रथमे रैना
प्रथमे पाप? कि पुन्यं?
कहैं कबीर जहँ बसहिं निरंजन
तहँ कछु आहि कि सुन्यं?

मौजूदा यथार्थ का विखण्डन और एक परा-जगत की रचना लगभग उसी एक निरर्थकता-बोध से उपजते हैं, जो एक संत इस निस्सार जगत को खारिज करके अपनी चेतना में पुनः संयोजित होता है। यह संयोजन नकारात्मक नहीं है, उन 'वृत्तियों' का उदात्तीकरण है, जो यदि नियंत्रण में न रखी जायें, तो अपने और दूसरों के लिए भी, विनाशक सिद्ध हो सकती हैं। कबीर की उलटबासियाँ इसी तरह दुनिया के तोड़-फोड़ व मलबे से पुनः जगत रचने की प्रक्रिया का समारम्भ हैं।

22 जून, 1999

आदमी को हर तरह से बिल्कुल नाउम्मीद होकर जीना चाहिए। जब कहीं किसी से कोई आशा नहीं रहेगी, तब कहीं किसी से कोई द्वेष और निराशा नहीं होगी। किसी तरफ से ज़रा भी उम्मीद रखी, तो उसी तरफ़ से नाउम्मीदी होगी। जब संत कहते कि किसी से भी एक गिलास पानी तक की उम्मीद मत रखो तो वो एक बहुत बड़े जीवन सत्य की बात कहते हैं। शायद यही है नितान्त अनासक्त होकर जीने का अर्थ।

25 जुलाई, 1999

कविता का सामाजिक दायित्व इसमें भी है कि वह हमें सौन्दर्य के प्रति संवेदनशील बनाये रखें। भाषा, जो प्रतिक्षण हमारी ज़बानों पर है, उस कोशिश की सबसे मुखर उर्वर ज़मीन है और कविता इस ज़मीन की सबसे कोमल व आकर्षक उपज।

7 अगस्त, 1999

कुछ लोग बाघ की तरह उग्र और हिम्मती क्यों होते हैं, जबकि

ज्यादातर लोग गाय, भेड़, बकरी की तरह शान्त और विनम्र होते हैं? गाय की तरह शान्त होना बाघ की तरह उग्र होने से क्यों कम अच्छा माना जाता है? गाय जो दूध देती है और बाघ से कम अक्ल नहीं रखती, उस बाघ से कम क्यों मानी जाये, जो हिंसा में तेज़ होता है और दूध देने वाली गाय को खा जाता है? कुछ लोग सोचते रहते कि आख़िर यह क्यों होता है, कैसे होता है, कि आदमियों में ही कुछ आदमी बाघ, भेड़िए, लकड़बग्घे, साँप, तेंदुए, बिच्छू, गोजर वगैरह की तरह होते हैं और कुछ आदमी गाय, बकरी, भेड़, तितली वगैरह की तरह? ऐसा क्यों नहीं होता कि जिस तरह सारे बाघ केवल बाघ होते हैं और कुछ नहीं, या जैसे सारी गायें केवल गायें होती हैं और कुछ नहीं, उसी तरह सारे मनुष्य केवल मनुष्य होते और कुछ नहीं...।

2 नवम्बर, 1999

अकसर लगता मैं रुका हूँ, मेरे घर चल-फिर रहे हैं। एक दिन मेरे सारे घर मुझे छोड़ कर कहीं दूर चले जायेंगे। मैं मिट्टी में मिल जाऊँगा।

जब भी किसी नयी जगह ठहरता हूँ उस जगह को सन्देह से देखता हूँ। वह एक धोखा हो सकता है– घर भी, और मेरा उसमें ठहरना भी। ठहरने से चलते रहना अधिक विश्वसनीय लगता है। एक चलते-फिरते घर की परिकल्पना में अकसर भटकता है एक आदिम बंजारा-मन...। सागर पर तैरता एक नाव-घर!

12 दिसम्बर, 1999

क्रान्ति को भी अत्यंत पारंपरिक ढंग से सोचा जा सकता है, और परंपरा को भी अत्यन्त आधुनिक ढंग से। "क्रान्ति" को अतीत की केवल खूनी-क्रान्तियों के अनुरूप ही सोचना उसे दकियानूसी ढंग से सोचना

है। जबकि हमारे समय में गांधी ने क्रान्ति को बिल्कुल अहिंसात्मक ढंग से सोच कर इतिहास में एक अनूठी मिसाल क़ायम की। समाज में आज भी हमारे रहन और सोच समझ में जो क्रान्तिकारी परिवर्तन आ रहे हैं उसकी बुनियाद हिंसा नहीं, बहुत हद तक वैज्ञानिक और तकनीकी उन्नति में है। वह भी एक तरह की अहिंसात्मक क्रान्ति है। दुनिया के ज़्यादातर देश अपनी परंपराओं और अतीत को लेकर अत्यंत सचेत और रक्षात्मक मानसिकता का परिचय देते हैं, और इसे अपनी विकसित जागरूकता का हिस्सा मानते हैं न कि पिछड़ापन। उनकी परंपरायें केवल उनके अजायबघरों में नहीं बंद है। उनके 'आज' में स्पष्ट दिखायीं देती हैं। उनके रवैये में यह बात निहित है कि ''कल'' और ''आज'' के बीच एक संतुलित समझौता न केवल संभव है बल्कि किसी हद तक आवश्यक भी है।

18 दिसम्बर, 1999

कुछ लोग सुखी भी इस तरह होते, मानो दुःखी हों। जब दुःखी भी होते, तो उसमें भी सुखी दिखते। दोनों अवस्थाओं में वे सुखी या दुःखी नहीं दिखते थे, कुछ उस तरह होते कि न तो सुखी होते, न दुःखी। वे स्वयं में एक गुण थे, जो दोनों में से किसी से भी नहीं निकलता था : वह दोनों को अपनी तरह स्वीकार या अस्वीकार करता था। जैसे– एक सतह होती है, जो किसी भी रंग को आसानी से पकड़ लेती है और उसी रंग में रँग जाती है। इसी तरह, एक और सतह भी होती है; जिस पर कोई रंग नहीं चढ़ पाता, लेकिन वह खुद में बेरंग नहीं होती।

26 दिसम्बर, 1999

क्या हिन्दी कविता ने दूसरे विषयों– जैसे समाजशास्त्र, अर्थशास्त्र, राजनीति, दर्शन वगैरह– के बारे में अपनी तरह सोचा है? इसी से जुड़ा

उसके तत्त्व को अपनी सम्पूर्ण चेतना से ही ग्रहण किया जा सकता है। यह बात सुनने में भले ही एक बार वायवीय सी लगे, पर ऐसा है नहीं। केवल दिल से या केवल दिमाग़ से जीना अपूर्ण जीना है। एक उत्कृष्ट रचना हमें सबसे पहले उस सन्तुलित शक्ति का आभास कराती है, जिसमें भौतिक का निषेध नहीं दोनों का ऐश्वर्य भी है, और दोनों का तटस्थ अवलोकन भी।

21 जनवरी, 2001

धार्मिक आधार पर रचित कलाओं, साहित्यों, संगीतों, विचारों आदि की एक बहुत बड़ी दुनिया है। उनकी पहली पहचान मनुष्य की अदम्य रचनाशीलता है– धर्म बाद में।

21 जनवरी, 2001

प्रेम में हम प्रिय को विश्लेषित नहीं करते, उसकी 'रचना' करते हैं। 'प्रिय' को 'सुन्दर' में बदल लेते हैं। कविता में भी, (सबसे) सुन्दर की अनुभूति के ये ही वे अद्‌भुत विरल क्षण होते हैं, जब हम सबसे अधिक जीवित और संवेदनशील अनुभव करते हैं। इस अनुभव का उम्र से कोई सम्बन्ध नहीं, इसका सम्बन्ध मनुष्य होने के उस गहरे तात्पर्य से है, जो हमें जीवन की सुन्दरता के प्रति संवेदनशील बनाता है।

जीवन को छोटा करके जीने में सहूलियत है : लेकिन सहूलियत के लिए जीवन को छोटा कर लेना मूर्खता है!

21 जनवरी, 2001

रचनात्मक साहित्य जीवन से गुज़रने का नतीजा है, आलोचना उस साहित्य से गुज़ने का।

01 फरवरी, 2000

सात रंगों के धागों से बुनी हुई रस्सी बेरंग दीखती है। रस्सी की बँट को उलटा घुमाकर खोलें, तो हर लड़ी का अपना एक रंग, दूसरों से अलग व साफ दिखाई देता है। हर रंग के अन्दर भी कई रंगों की मिलावट है। कोई रंग अपने आप में सम्पूर्ण, अकेला और मौलिक नहीं, उसमें कई या कुछ रंगों की कमोबेश मिलावटों का धोखा है, छद्‌म है। महत्त्व किसी रंग का नहीं, हमारे देखने का है। देखने का ही नहीं, उस रोशनी का भी है; जो हमारे देखने को सम्भव बनाती है। अगर अँधेरा है– यानी रोशनी हो, रंग भी हो, पर आँखें न हों तो भी कुछ नहीं दिखेगा। ये सब भी हों, पर चेतना न हो; तो भी कुछ नहीं दीखेगा। अगर केवल चेतना हो, तो केवल यह चेतना होगी कि वही है और कुछ नहीं होगा।

04 मार्च, 2000

आज की हिन्दी कविता का एक प्रमुख स्वर वह संकट भी है, जिससे भारतीय जीवन गुज़र रहा है। राजनीति और समाज में नीचे से ऊपर तक व्याप्त चारित्रिक पतन का दस्तावेज़ है कविता, जो कभी न्याय तो कभी विडम्बना, कभी त्रासदी तो कभी भर्त्सना, कभी आक्रोश तो कभी हताशा से देखती है अपने चारों तरफ़। फिर भी यह सभ्यता अध्यात्म और संस्कृति का गुणगान करते नहीं थकती। कविता को अक्सर लगता है कि आचरण और व्यवहार में आज यह इतनी क्षुद्र और चरित्रहीन कैसे हो गयी कि मानो किसी भी नैतिक चुनौती का सामना करने में ही अक्षम हो।

05 मार्च, 2000

ज़रूरी नहीं कि जो बात तर्कसंगत हो, वह हर माने में संगत हो। बहुत-सी ऐसी बातें हैं, जो तर्कसंगत न होते हुए भी जीवन-संगत होती

हैं। बहुत-सी ऐसी भी बातें हैं, जो इसीलिए जीवन-संगत होती हैं, क्योंकि वे तर्कसंगत न होकर हमारे उन मनोभावों की भाषा है, जिसका उत्स जैविक है। यह मानना भी बहुत ठीक नहीं लगता कि तर्क द्वारा आवेगमूलक कर्म को नियंत्रण में रखा जा सकता है : उन पर नियंत्रण तार्किक नहीं, भावनात्मक युक्तियों द्वारा ही सम्भव है। तर्क द्वारा हम समस्या का विश्लेषण और अध्ययन तो कर सकते हैं; पर उसका हल, सम्भव है, बिल्कुल अतार्किक, या तर्कातीत, तरीकों से निकले। मसलन, हम रोग के पहचान के तरीकों से रोग का उपचार नहीं कर सकते। मनुष्य की रचनाशीलता को भी नितान्त तर्क की भाषा में नहीं समझा जा सकता। रचनाशीलता के अनेक घटक– कल्पना, भावना आदि जैसी अ-तार्किक चेष्टाओं पर निर्भर करते हैं।

08 मार्च, 2000

एक बेहतरीन सनसनीख़ेज़ उपन्यास लिखने के लिए इससे ज्यादा बुरा वक्त नहीं मिल सकता! सब कुछ बना-बनाया सामने घटित हो रहा– रोज़ नया-नया। उसे चाहे जैसे लिख दो, अख़बार की तरह, उपन्यास से बढ़कर रोचक, अविश्वसनीय और पठनीय साबित होगा। किसी लोमहर्षक घटना को कहीं दूर खोजने नहीं जाना पड़ता। घर बैठे वह आपको खोज लेगी और इस तरह आपको सिर से पाँव तक हिला देगी कि बिना उस पर औपन्यासिक प्रतिक्रिया के आप रह ही नहीं सकेंगे। अब यह आप पर है कि आप उपन्यास लिखते हैं, या केवल उसे जीते हैं।

08 अप्रैल, 2000

मैंने सन्त-साहित्य अधिक नहीं पढ़ा है। सन्तों के जीवन को अधिक पढ़ा है। वह जीवन दृष्टि मुझे अभिभूत करती है, जिसमें अस्वीकार की

इतनी बड़ी ताकत है। ताकत, जिसमें कुण्ठा, स्पृहा और ईर्ष्या, नहीं, करुणा है– एक महाकरुणा, उस भिन्न जीवन दृष्टि के प्रति जो मानती है कि जीवन एक लड़ाई है और उस लड़ाई में सबको मरना-खपना है। वे लड़ाई को, लड़ाई की भाषा को और उसकी शब्दावली के उसके व्याकरण को एकदम अस्वीकार करते हैं और उन्हें दयनीय मानते हैं, जो जीवन को एक लड़ाई की तरह परिभाषित और चरितार्थ करते हैं, अपने लिए भी और दूसरों के लिए भी। यह जीवन का निषेध नहीं, उसे शान्ति और आत्मसन्तोष के अर्थ में जीने की कला का आविष्कार है। वे अपने को युद्ध-क्षेत्र के सिपाही मानने से इनकार करते। वे एक दुरुह काव्यालोक में बसने वाले देवत्व के पुजारी हैं। वे जिसे प्रमाणित करते हैं, वह भी जीवन है और जिसे मिथ्या करते हैं– वह भी एक स्वप्न हो सकता है। वे देह का जीवन भी जीते हैं, लेकिन उसे आत्मा के जीवन से बहुत छोटा मानकर। प्रकृति उनके नित्यकर्म का हिस्सा हैं, सम्पूर्ण कर्मक्षेत्र उस दृष्टि में है, जिससे वह पूरे जीवन को एक खेल की तरह खेलते भी हैं, और उसे देखते भी हैं। नाटकों के 'सूत्रधार' की तरह। यही योग है और इसी को प्राप्त करने के लिए सारी तपस्या है। इसमें संसार है भी और नहीं भी है। एक विरोधाभास, जिसे हल नहीं किया जा सकता– केवल द्वैत के परम अस्वीकार में एक ऐसी अवस्था में इस तरह रहा जा सकता है, मानो वह दोनों का स्वीकार हो। जैसे एक अणु नेगेटिव और पॉजिटिव के अनबन में विस्फोटक भी हो सकता है, (उग्र भी) और उनके सन्तुलन में स्थिर और शान्त भी।

17 मई, 2000

इन दिनों आतंक और हिंसा बराबर ख़बर में हैं– अपने जघन्यतम रूपों में। इससे कोई ख़ास फर्क़ नहीं पड़ता कि ये हिंसाएँ कहाँ

हो रही हैं, क्यों हो रही हैं? ख़ास बात है ये हिंसाएँ आदमी द्वारा, आदमी के ख़िलाफ़ की जा रही हैं। इस हिंसा के पीछे एक आदमी है या कई आदमी हैं, इससे ज़्यादा विचलित करने वाला सवाल यह है कि 'वह' या 'वे' किस तरह के आदमी हैं, जो चेहरे से लेकर आत्मा तक अँधेरे हैं और अँधेरे में हैं। जिनकी आदमीयत नहीं, सिर्फ़ कुकर्म उजाले में चीख़ते हैं।

अंग्रेजी का एक शब्द है Obsession। कामिल बुल्के की अंग्रेजी हिन्दी डिक्शनरी में उसका हिन्दी अर्थ दिया गया है, 'प्रेत-बाधा'। प्रचलित हिन्दी में 'प्रेतबाधा' का अर्थ है 'सिर पर भूत चढ़ना' या 'सिर पर भूत सवार होना'।

27 मई, 2000

अंग्रेज नाटककार ऑसबोर्न का नायक उनके प्रसिद्ध नाटक 'लुक बैक इन ऐन्गार' में एक जगह कहता है– "पिता को गुस्सा आता है कि सब कुछ बदल गया : मुझे गुस्सा आता है कि कुछ भी नहीं बदला।"

29 मई, 2000

अपनी उपलब्धि के शिखर पर कोई भी कला, कला-आन्दोलन या कलाकार एक बार ठहरता है। इस ठहराव का अर्थ यह नहीं कि उसकी सम्भावनाएँ समाप्त हो गयीं या वह थक और चुक गया। इसका अर्थ है कि एक कला के रूप में वह अपने चरम पर स्थिर हो गया है। यानी उस जगह पहुँच गया, जिसे हम उसका क्लासिकल फॉर्म कह सकते हैं। उसके आगे या तो वह अपने को दोहराने लगेगा, या बेजान रचनाओं को जन्म देगा। जीवन के अन्तिम आठ वर्षों में शेक्सपियर ने कुछ नहीं लिखा। ग़ालिब का दीवान उनकी ख़ुद की चुने हुए अशआरों का एक अप्रतिम

संग्रह है। अपने ही द्वारा स्थापित इन चरम बिन्दुओं के आगे न तो शेक्सपियर जा पाये, न ग़ालिब। इसका यह मतलब नहीं कि वे चुक गये, उनके लिए उसके बाद उस तरह का ही लिखते जाना बेमानी हो गया या खत्म हो गया। लेकिन उसी दिशा में, या उन ऊँचाइयों की ही ओर आगे बढ़ते जाने की सम्भावनाएँ एक बार समाप्त हो गयीं– यानी एक 'क्लैसिक' आदर्श को प्राप्त हो गयी है।

एक बड़ी प्रतिभा या आन्दोलन के मूल्यांकन का यही तरीका नहीं होना चाहिए कि हमेशा हम उससे नये कुछ की उम्मीद रखें : स्थायी कुछ की परख, मूल जिज्ञासा होनी चाहिए कि अपनी ज़िन्दगी के दौरान उसने जो दिया, वह कितना मूल्यवान और स्थायी महत्त्व का है। लगातार नया कुछ करते जाना उसकी शक्ति का वास्तविक द्योतक नहीं, उसने जो दिया या किया; उसका स्थायित्व, दृढ़ता और सरोकार उसकी उपलब्धि का असली मानदण्ड होना चाहिए।

मई, 2000

ऐसी कला, जो पुराने मापदण्डों को ख़ारिज करके आगे बढ़ने, या विकसित होने का, उपक्रम हो उसके बारे में, अच्छे-बुरे या श्रेष्ठ-अश्रेष्ठ का निर्णय किन आधारों पर हो? आज की चित्रकला को लेकर अकसर समीक्षक को इस प्रकार के नतीजे पर पहुँचते देखकर... 'सूचना बेहद गोलमाल है, पैमाना इतना लचीला है कि किसी खास क्षण में अपने अहं की स्थिति के अनुरूप खुद को ऊपर उठा लेना और नीचे गिरा लेना बिल्कुल सरल है... किसी ख़ास मौके पर क्या चीज़ हमारे हित में है, यह जानने के लिए खुद को परिभाषित करना पड़ता है...' (गीता कपूर : 'त्रिनाले की भ्रान्तियाँ'–पूर्वग्रह 8, मई-जून 75, पृ 40) उस भाषा की ओर ध्यान जाता है, जिसे एक चित्रकार रेखाओं और रंगों की भाषा मानता है तथा जिसे एक समीक्षक दूसरी भाषा– साहित्य की भाषा में– समझना और समझाना चाहता है। स्वाभाविक है कि एक चित्र के गुण-दोष

विवेचन में अकसर वह दूसरी भाषा के गुण आरोपित करके उसे एक दूसरे माध्यम से अभिव्यक्त कर रहा होता है। इस अभिव्यक्ति में अकसर दूसरी भाषा पहली से अधिक मुखर हो उठती है। यों कहें कि पहली के बावजूद एक समानान्तर रचना करने लगती है। इस क्रम में अकसर मूल गौण पड़ जाता है और दूसरी भाषा प्रथम की अभिव्यक्ति न होकर समीक्षक की अपनी अभिव्यक्ति (राजनीति?) का बहाना बन जाती है।

(उस हालत में एक नितान्त पारम्परिक कला जैसे 'नो' या 'काबुकी' नाटक, उर्दू ग़ज़ल, शास्त्रीय संगीत की एक भिन्न दुनिया होगी... विरोधी नहीं समानान्तर दुनिया जिसमें हम यथार्थ-बोध नही रचना-बोध, एक भिन्न अवकाश की रचना में समय का ठहराव खोजेंगे।)

क्या यह सम्भव है कि हम नृत्य, संगीत, चित्रकारी आदि कलाओं को ग्रहण करते समय अपने भाषा-बोध को सर्वथा स्थगित रखें? इन कलाओं की अपेक्षा उसे अधिक सक्रिय न होने दें? यानी समीक्षा की भाषा, उसके terms of reference को बजाय लचीला करने के; उन्हें परिवर्तित करने के बिल्कुल रूढ़, ठस inflexible या rigid करके तब एक भिन्न कला माध्यम के प्रवाह या गतिशीलता का अन्दाज़ा लगाएँ? प्रश्न कला के विकास से ज्यादा समीक्षा के विकास से जुड़ जाता है। T.S. Eliot, Ezra Pound, Kandinisky आदि के बारे में यह निर्णय कठिन हो जाता है कि उनकी समीक्षा का स्रोत उनकी कला है या उनकी कला का स्रोत उनकी समीक्षा है। भारतीय कलाकारों की अंतर्राष्ट्रीय या राष्ट्रीय स्थिति के बारे में सोचते हुए भी, अकसर यह लगता है कि उनकी कृतियाँ सशक्त समीक्षा को समानांतर विकसित नहीं कर पा रही हैं। वे एक भाषी हैं, दो भाषी नहीं। या तो वे भारतीय नृत्य संगीत आदि की तरह अकेली हैं या फिर वे भिन्न भाषाओं से संवाद में असमर्थ हैं। इसीलिए पारम्परिक या लोक-कला उस हद तक समीक्षक पर निर्भर नहीं जिस हद तक आधुनिक या अवांगार्द कला। आधुनिक कला की अपनी भाषा इतनी नयी होती है कि वह बिना समीक्षक की भाषा के सहारे अपने पैरों पर खड़ी नहीं हो पाती।

20 जून, 2000

'शान्ति' और 'व्यवस्था' का पूर्णाभास इस तरह कि वह छलककर बाहरी दुनिया के द्वन्द्व को भी 'शान्त' और 'व्यवस्थित' कर दे। अगर हमारे अन्दर मन्थन है, तो बाहर अगर शान्ति हो भी तो हमारे लिए वह बेमानी होगी। हमारे अन्दर की अशान्ति सब कुछ को मथकर अशान्त कर देगी। वहाँ संयमित होना ज़रूरी है।

25 जून, 2000

साहित्य का ऐसा बहुत-सा काम है, जो अब 'मीडिया' के इलाकों में चला गया है और 'मीडिया' उसे बेहतर अंजाम दे पा रहा है। कई ऐसे राजनीतिक, सामाजिक और आर्थिक मसले हैं, जिनके लिए साहित्य की दूरगामी या दूरदर्शी 'ऐप्रोच' के बजाय 'मीडिया' की तात्कालिक और व्यावहारिक दृष्टि ज्यादा काम की है। साहित्य-चिन्तन में ये तात्कालिक मुआमले स्थगित-से हो जाते हैं, क्योंकि साहित्य का दबाव मुद्दों की ज्यादा बुनियादी नीतियों पर रहता है। फासीवाद की सैद्धान्तिक और केन्द्रीय स्थिति द्वितीय महायुद्ध के बाद लगभग तय हो चुकी है। केन्द्रीय फासीवाद की सम्भावना और उसका तर्क अमान्य हो चुका है। ज्यादा भयानक सम्भावना उसके विकेन्द्रित रूपों की है, जो देश भर में अनेक तरह से फैलता जा रहा है– आतंकवाद, भ्रष्टाचार, अपराध, निरंकुश नेतावाद, गुटबन्दी, जातीय हिंसाएँ, धार्मिक असहिष्णुताएँ आदि प्रवृत्तियाँ उसी निरंकुश फासीवादी-परिवार की विकृतियाँ हैं, जिसके तमाम निरंकुश प्रकारों ने दुनिया को अराजकता की हद पर पहुँचा दिया है। लगता है सब पर उनका ही शासन है, किसी सुसंस्कृत, सुव्यवस्थित, मानवीय प्रजातंत्र का नहीं।

06 जुलाई, 2000

साहित्य में ऐसे लोग भी काम कर रहे हैं, जिनकी बुनियादी मानसिकता राजनीतिक है। वे अगर राजनीति में होते तो शायद राजनीति में थोड़ी-बहुत साहित्यिक संवेदना को पहुँचा पाते। यह ज़्यादा बड़ा काम होता।

20 जुलाई, 2000

प्राचीन भारत के अधिकांश अवशेष नष्ट हो चुके। उसके बारे में हमें जो भी जानकारियाँ मिलती हैं, वे पुस्तकों, धर्मग्रन्थों, मिथकों आदि के माध्यम से ही। उस अतीत को अपनी कल्पना में जब हम साकार करना चाहते, तो उसके ठोस आधार नहीं मिलते हैं। मध्ययुगीन इतिहास के साथ ऐसा नहीं है। उसके अनेक अवशेष, इमारतें, महल, मकबरे वगैरह अभी भी मौजूद हैं, जो हमें उस समय की याद दिलाते हैं। एक ताज या फतेहपुर सीकरी के सामने खड़े होकर उस अतीत को सोचने और वेद-पुराणों को पढ़कर उसके अतीत की कल्पना करने में बुनियादी फर्क है। सुदूर अतीत और निकट अतीत, दो बिल्कुल भिन्न तरह हमारे वर्तमान में अपनी मौजूदगी को दर्ज़ कराते हैं।

25 अक्तूबर, 2000

सरल और सहज कविता का मतलब कमजोर कविता से नहीं, स्पष्ट और आडम्बर रहित कविता से है। इसके लिये सोच समझ में ईमानदारी और गहराई तथा भाषा में सादगी जरूरी शर्तें हैं। अनुभव और अभिव्यक्ति में यदि हलकापन है तो काव्य भी वैसा ही होगा। इकहरा और सतही। जैसे-जैसे सोच-समझ में परिपक्वता आती है, कविता की भाषा अपने आप सहज होती जाती है, उसे सहज करना नहीं पड़ता। सहज

करने की कोशिश करना पड़े तो इस कोशिश की असहजता साफ़ नजर आने लगती है।

30 अक्तूबर, 2000

एक कविता को हम किस तरह सोचें समझें यह बहुत कुछ इस पर निर्भर करता है कि वह कविता किस तरह जीवन को सोचती और समझती है। अपने समय और समाज को लेकर उसका अपना दृष्टिकोण और विचारकोण कितना जायज, उदार या संकुचित, परिपक्व या अधकचरा है। जीवन के सुख-दुख का अनुभव एक बात है– सभी अनुभव करते हैं। उसका बयान या विवरण मात्र काफ़ी नहीं। कविता उस अनुभव से आगे तक जाती है, और हमें उस बिन्दु तक ले जाती है, जहाँ हम निजी को सबमें शामिल अनुभव कर पाते हैं। इस प्रक्रिया में निजी का साधारणीकरण ही नहीं, उसका उदात्तीकरण भी बहुत जरूरी है। यह सामाजिक यथार्थ की हू-ब-हू प्रस्तुति से ज़रा भिन्न बात है। साहित्य अपनी तरह यथार्थ की प्रस्तुति भी है, और उस प्रस्तुति के माध्यम से एक सन्देश भी है। इस सन्देश का वज़न, बहुत कुछ उस सोच-समझ के वजन की प्रौढ़ता और जानकारी पर है, जो एक अनुभव की भोक्ता मात्र नहीं उसकी विचारशील और संवेदनशील भोक्ता है।

"The poem—that prolonged hesitation between sound and sense." — Paul Valéry

14 नवम्बर, 2000

हर युग का अपना एक प्रमुख 'रस' होता है। जैसे, 'वीरगाथा काल' का 'वीर-रस' या 'रौद्र रस' : भक्ति-काल का 'शान्ति-रस', रीतिकाल का 'श्रृंगार रस'– उसी तरह आधुनिक युग– यानी हमारे युग

का अगर कोई 'रस' हो सकता है, तो 'वीभत्स रस'। इस 'रस' की वर्षा सुबह का अख़बार उठाते ही होने लगती है। टी.वी., सिनेमा में हर उस रस की नदियाँ बहती नज़र आती हैं। और पूरा जीवन मानो इसी 'वीभत्स रस' का खारा सागर हो।

आप कहेंगे यह अतिशयोक्ति है : जीवन में आज भी बहुत कुछ मधुर और सुन्दर है। है, लेकिन बुरी तरह अ-मधुर और अ-सुन्दर में लिपटा हुआ। जिसे हम आज वीरगाथा काल, भक्तिकाल या रीतिकाल कहते हैं; उन्हीं समयों में ऐसा भी बहुत कुछ था, जो वीभत्स था। लेकिन, एक युग की प्रमुख छवि जिस 'रस' से बनती है– आज के समय का वह प्रमुख 'रस' मुझे वीभत्स ही जान पड़ता है। अतिशयोक्ति के बावजूद हमारी रुचियों में कुछ इस तरह रचा बसा कि उसका पूरा बाज़ार धड़ल्ले से पनप रहा है। हम उसे खरीदकर देख, सुन और बरत रहे हैं। हमारे लिए वह भयानक नहीं, मनोरंजक है, जैसे कभी 'रोमन्स' के लिए 'ग्लेडिएटर्स' की लड़ाई थी– आदमियों और खूंख्वार जानवरों के बीच।

23 नवम्बर, 2000

कोई बड़ी विचारधारा 'विरोधों' से नष्ट नहीं होती। विरोध से तो वह और पुष्ट होती है। उसकी स्वरक्षा के तर्क, तंत्र और सूत्र और विकसित और मजबूत होते हैं। विचारधाराएँ विरोधों से नहीं, अन्तर्विरोधों से नष्ट होती हैं। क्योंकि वे स्पष्ट दिखायी नहीं देते, इसलिए हम सामान्यतः उनको लेकर असावधान रहते हैं। विरोध स्पष्ट दिखायी देता है– अपनी हिंसा-मुखरता से और अपने व्यवहार में। विरोध के खिलाफ़ प्रतिरोध और किलाबन्दी, लगभग फ़ौजी ढंग की कार्यवाही और गुटबन्दी, दरअसल मनुष्य की आत्मरक्षात्मक प्रवृत्ति की अभिव्यक्ति है। लेकिन जो अन्तर्विरोध चुपचाप या गुपचुप एक विचारधारा के अन्दर-अन्दर ज़हर की तरह पलते-पुसते रहते हैं, वही किसी दिन उग्र या विस्फोटक रूप में प्रकट

होकर उसे नष्ट करते हैं।

विरोध की राजनीति, या प्रवृत्ति को, दूसरी ओर से भी समझना चाहिए कि कहीं विरोध भी किसी प्रकार की असहिष्णुता और अतिवाद की तानाशाही में तो नहीं बदलता जा रहा? यह बिल्कुल सम्भव है कि जिस विरोध को हम अतिवाद के ख़िलाफ एक ज़रूरी प्रजातांत्रिक कार्यवाही के रूप में अपना रहे हों, वह स्वयं उसी तरह के अतिवाद में बदल जाये, जिसका वह विरोध कर रही है। विरोध को भी असन्तुलित होते देर नहीं लगती, जिसका एक उदाहरण आए दिन लोकसभा में अराजक स्थिति बन जाना है। लोकसभा एक जनतांत्रिक एवं लोकतांत्रिक मंच है, लेकिन जब भी उसकी मर्यादा हिंसात्मक और उग्रवादी रवैयों से भंग होती है हमारा ध्यान एकबारगी कुछ बुनियादी बातों की ओर जाता है, जो एक, स्वस्थ, सभ्य और शिक्षित संवाद के मूल में होना चाहिए।

पहली और मुख्य बात तो यह है कि जिस तरह आज हम 'विरोध की राजनीति' को लेकर इतने तीव्र और व्यापक ढंग से संवेदनशील नज़र आते हैं, क्या 'विरोध की संस्कृति' के प्रति भी उतने ही संवेदनशील, सतर्क और सावधान हैं? यह सवाल साहित्य की ओर से उठाना और भी ज़रूरी हो जाता है क्योंकि कहीं-न-कहीं हमारा मानवीय हित हमारी उस आत्म-संस्कृति से कहीं ज़्यादा घनिष्ठ और अनिवार्य रूप से जुड़ा है, जो हमारी राजनीति को केवल जुझारू नहीं, सबसे पहले एक सुसभ्य और सुशिक्षित समाज की चेष्टा के रूप में देखना चाहती है। समस्या के मूल कारणों और उसके समाधानों को कहाँ खोजा जाय? केवल राजनीति के अन्दर या उस बृहत्तर मानवीय संस्कृति के अन्दर, जिसके बिना राजनीति अर्थहीन है। इस सदी में राजनीति को अत्यधिक महत्त्व देने से कहीं उस संस्कृति का क्षरण तो नहीं होता रहा है, जो केवल अधिकारों को नहीं कर्त्तव्यों के औचित्य को भी अगर ज़्यादा नहीं तो बराबर का महत्त्व देने में विश्वास रखती है? आज हम अपनी माँगों को लेकर सचेत और सक्रिय हुए हैं, तो कहीं उस संस्कृति और संयम को लेकर निष्ठुर और निरपेक्ष तो नहीं हो गये, जो हमें सही मानों में मनुष्य बनाती है?

25 नवम्बर, 2000

मेरे लिए धर्म का मतलब केवल अध्यात्म और विश्वास नहीं। धर्म का मतलब इतिहास, कला, संगीत, कविता भी है और सबसे पहले तो, वह आत्मिक संस्कृति और संयम है, जिसके बिना कोई भी मानवीय चेष्टा अधूरी और बर्बर है।

26 नवम्बर, 2000

यथार्थ-बोध अगर तार्किक, बौद्धिक और ठोस रूप से केवल वस्तुपरक है, तो वह अपूर्ण जीवनानुभूति है : उसका वह अतिरिक्त जरूरी आयाम अनुपस्थित है, जिसे हम ढीले तौर पर रोमैन्टिक या कल्पनापरक कह सकते हैं। यह वास्तविकता से पलायन नहीं, उसके अतिवाद को सन्तुलित करने की युक्ति है।

26 नवम्बर, 2000

'ज़िद' और 'क्रोध' का कोई मानवीय चेहरा नहीं, केवल एक आतताई चेहरा है : अकरुण, उग्र और अहंकारी। जो मानवीय है, वह भीतर से सहिष्णु, उदार, क्षमाशील और विनम्र होगा।

26 नवम्बर, 2000

सारा लेखन अपने से बातचीत है– कभी-कभी इतनी स्पष्ट और उत्तेजित कि उसे दूसरे भी सुन पाते हैं। थोड़ा बहुत ही सुन पाते हैं, बातचीत का ज़्यादा हिस्सा भाषा के अन्दर ही एक अन्तर्लाप की तरह विलुप्त रहता है।

29 नवम्बर, 2000

'श्रेष्ठतम' के लिए जीना दूसरों के लिए भी जीना है। श्रेष्ठतम की उपलब्धि में दूसरों का ज़्यादा बड़ा हित सन्निहित है। 'दूसरों के लिए जीना' क्षुद्र लक्ष्यों के लिए जीना भी हो सकता है, लेकिन जब हम श्रेष्ठ का वरण करते हैं, तब हम मानवता के पवित्रतम आशय को लक्ष्य बनाते हैं और उसे पाने की चेष्टा में 'दूसरों के हित' को एक ज़्यादा बड़ा और व्यापक अर्थ देने की कोशिश करते हैं, जो हित की स्थूल अवधारणा तक सीमित नहीं होता।

19 दिसम्बर, 2000

इतिहास की कोई भी व्याख्या इस अनिवार्य तथ्य से शुरू होनी चाहिए कि 'आज' जिस यथार्थ को हम जी रहे हैं, उसमें हम सब शान्तिपूर्ण और सौहार्दपूर्ण ढंग से जी सकें। इतिहास में जो भी हुआ– या होता रहा– उसकी पक्की जानकारी या अकाट्य सबूत, आज हमें उपलब्ध नहीं। अधूरे तथ्यों के आधार पर एक अपूर्ण अतीत को मनमाने ढंग से गढ़कर जीवित कर लेना आत्मघाती है। हमें साथ-साथ जीना है और शान्ति से रहना है, कोई भी ऐतिहासिक सच्चाई इससे बड़ी नहीं हो सकती।

इतिहास के प्रति एक व्यापक, सहिष्णु और शुद्ध शास्त्रीय दृष्टि ज़रूरी है। उसका अध्ययन भावनात्मक या उद्‌गारात्मक ढंग से नहीं किया जा सकता– खोजी दृष्टि से ही उस क्षेत्र में प्रवेश किया जाना चाहिए।

22 दिसम्बर, 2000

कविता लिखना किसी दैनिक अनुभव की अभिव्यक्ति मात्र हो ही, यह ज़रूरी नहीं है। वह अपने आप में भी एक अनुभव हो सकती है और

इसीलिए किसी अन्य अनुभव तक ले जाने वाला, या उसकी नयी तरह प्रतीति करा सकने वाला, साधन भी। इस तरह कविता की एक स्वयंसिद्ध सत्ता भी बनती है, जो केवल यथार्थ के नियमों पर आश्रित नहीं है। उसका सन्दर्भ वस्तुजगत हो भी सकता है और नहीं भी हो सकता।

28 दिसम्बर, 2000

मेरे लिए शब्दों की दुनिया एक आज़ाद वैकल्पिक दुनिया है। यह सम्भावना कि मैं उसे बिल्कुल अपनी तरह रच कर जी सकता हूँ, मुझे एक साथ मुक्ति, एकान्त और रचनाशीलता की अनुभूति कराती है। शब्दों के साथ तन्मयता का भाव, उस चेतन की शक्ति का स्पर्श है, जो संसार का प्रत्यय नहीं उसका पुरुषार्थ है।

शब्द मुझे अभिभूत करते हैं। मेरे लिए ये किसी अर्थ के द्योतक मात्र नहीं। जीती-जागती, बोलती इकाइयाँ हैं, जिनसे मेरा काव्य-जगत आबाद होता है। मैं जानता हूँ– मेरे बाद भी मेरा यह जगत जीवित रहेगा और मैं उसमें ज़िन्दा रहूँगा।

28 दिसम्बर, 2000

उस संसार में मेरा एक ईश्वर रहता है, जिसे मेरे विश्वास और प्यार ने सम्भव बनाया है। उस संसार में मेरी वह अनन्य प्रेमिका भी रहती है, जिसे मैंने न जाने कितनी प्रेमिकाओं के रूपों से गढ़कर रचा है। उस संसार में मेरी वह पहचान यथार्थ होती है, जो इस संसार को मिथ्या कर देती है। वह दुनिया मेरे साथ कुछ इस तरह जागती और सोती है कि यह दुनिया एक स्वप्न लगती।

मुझे यक़ीन है, हम सब ऐसी ही किसी दुनिया में रहना चाहते हैं। मुझे यक़ीन है कि आपको मेरी यह दुनिया अपनी ही दुनिया लगेगी–

हमारे और आपके अभेद से उत्पन्न, एक आत्मीय दुनिया।

28 दिसम्बर, 2000

घड़ी न जाने कब से बन्द है। घड़ी न जाने कब से चल रही है। घड़ी मेरे समय को गिन नहीं रही है। मैं जिस समय में हूँ, या नहीं हूँ, वह घड़ियों और कैलेण्डरों का समय नहीं है। मैं उनका आविष्कारक हूँ; वे मेरे खिलौने हैं। मैं उन्हें खेल रहा हूँ। वे मुझे नहीं खेल रहे हैं। मेरी सुबहें और शामें घड़ी के मुताबिक नहीं होतीं, मेरे जागने और सोने के मुताबिक होती हैं। मेरे जागते ही समय जाग उठता। मेरे सोते ही समय रुक जाता। ज़िन्दगी इसी रुके हुए समय का सपना है। मृत्यु किसी जागे हुए का अनन्त समय है। वहाँ जागने-सोने का द्वैत और द्वन्द्व नहीं है, सब कुछ ठहर जाने की निरवधि है।

31 दिसम्बर, 2000

भाषा में भावनाओं की सम्हाल और संरचना। भावना एक ऊर्जा का अन्धा प्रवाह है। उस प्रवाह को यूँ ही छोड़ दिया जाये, तो वह कविता को, और कवि को भी, बहा ले जायेगा। कुशलता से रोक, ठहराव, बाँध और क्यारियाँ बनायी जायँ, तो वही ऊर्जा शोभा में बदल जायेगी। कविता का यह मूल सौन्दर्यशास्त्र है– भावना का निषेध नहीं उसका नियंत्रित संयोजन।

भावुक होना स्वाभाविक है, पर भावुकता में बह जाना कमज़ोरी है। अच्छा तैराक लहरों से, प्रवाह से, गहराइयों से खेलता है। अनाड़ी डूब जाता है, या हाथ पाँव फेंक कर रह जाता है।

31 दिसम्बर, 2000

इस सदी का अन्त होते-होते दुनिया के इतिहास और विचारों में गहरा परिवर्तन आया है। एक बड़ा परिवर्तन इस रूप में आया है कि किसी एक विचार का प्रभुत्व नहीं बचा : वह अन्य विचारों के साथ घुलमिल गया है। विचारों की एक सामुदायिक सत्ता या एक विचार-बैंक सा बना है, जो हमें सुखद ढंग से साहित्य की जटिल और बहुसंदर्भीय दुनिया की याद दिलाता है। यह कि हम जीवन को बहुलतावादी ढंग से सोच सकते हैं, कहीं साहित्य की इस दृष्टि को पुष्ट करता है कि जीवन मूलतः संश्लिष्ट है। जब भी हम उसे विभाजित, विश्लेषित या अलग-थलग करके सोचते हैं, कहीं उसके मूलभूत सामर्थ्य को या तो नष्ट करते हैं, या उससे वंचित रह जाते हैं। कविता जब इसे सबसे ऊपर रखकर सोचती है, तब वह हमारे मनुष्य जातीय होने की सबसे जरूरी शर्त को प्राथमिकता देती है।

01 जनवरी, 2001

कैलेण्डर के हिसाब से ईसा के बाद की बीस सदियाँ बीत चुकीं। साहित्य के जीवन में एक और नया दिन हो रहा है।

04 जनवरी, 2001

मुझे जीवन को सहज और खुले ढंग से जीना पसन्द है। चीज़ों को लुका-छिपा कर, बातों और व्यवहार को रचा-बनाकर जीना सख़्त नापसन्द है। वह चारित्रिक बेईमानी है, जिसे हम व्यवहार-कुशलता का नाम देते हैं। इसके पीछे आत्मविश्वास की कमी झलकती है कि कहीं लोग हमारी असलियत को न जान जायें। आख़िर वह असलियत इतनी गन्दी और धूर्त क्यों हो कि उसे छिपाना ज़रूरी लगे।

उसे छिपाने के बजाय उसकी स्वच्छता, निष्कपटता और सुन्दरता की ओर क्यों न हम ध्यान दें। *'कहीं सब जान न जायें कि मैं क्या हूँ'* के डर के बजाय, यह खुला साहस क्यों नहीं कि सब जाने मैं क्या हूँ, क्योंकि मेरे अन्दर कोई गन्दगी और कपट नहीं। वही निडर है, जो अन्दर से स्वच्छ है।

21 जनवरी, 2001

कविता और जीवन के सम्बन्धों को बेहतर समझ पाता हूँ जब कविता को जीवन के रूपकों और बिम्बों की भाषा में सोचता हूँ। यथार्थ यद्यपि जीवन का ही हिस्सा है, लेकिन यथार्थ की भाषा में कविता की जीवन-शक्ति को, भाषित और परिभाषित करने में मुश्किलें होती हैं। ये मुश्किलें और भी बढ़ जाती हैं, जब हम कविता के स्वभाव को अकादेमिक या वैज्ञानिक ढंग से समझना या समझाना चाहते हैं। जिस तरह 'साहित्य' का मतलब भाषा का एक अलग तरह का इस्तेमाल है, उसी तरह 'साहित्य' के दायरे में भी कविता भाषा के साथ एक अलग तरह का व्यवहार है। यानी उपन्यास में हम भाषा और जीवन को जिस तरह सोचते हैं, कविता में उन दोनों को उस तरह नहीं सोचते : मूलतः कल्पना और बिम्बों की भाषा में सोचते हैं। इसीलिए, कविता कैसे लिख जाती है, और कविता कैसे लिखी जाती है, दो बिल्कुल अलग तरह के सवाल हैं।

कविता की शक्ति कुछ-कुछ जीवन की शक्ति की तरह है– वह भाषा के नियमों की अनुगामिनी नहीं, उनका उल्लंघन करके आगे बढ़ने वाली ताक़त है। श्रेष्ठ कविता अपनी श्रेष्ठता का प्रमाण खुद होती है। गैर-कविताई प्रमाणों और उदाहरणों से उसे सिद्ध करना मुश्किल होता है। काव्य-प्रक्रिया को अकसर खुद कवियों के लिये भी समझ पाना मुश्किल रहा है, उसमे भी हमारे जीवन की तरह ही अनेकता है– विविधता है और

बहुलता है। हमारे सोचने के तरीकों में द्वैत है– हम बिना ऊहापोह, तर्क-वितर्क, पक्ष-विपक्ष में अच्छे-बुरे को विभाजित किये किसी भी प्रस्ताव को सोच ही नहीं पाते। और परिणाम में हम चाहते हैं एकता– हर समस्या का कोई एक रूप, अखण्डित अन्तिम समाधान। अर्जुन विह्वल होकर कृष्ण से पूछता है मुझे कोई एक निश्चित मार्ग बताइए, जिस पर चलकर मेरा कल्याण हो। कृष्ण नहीं बता पाते : वे कहते हैं, मैंने दो मार्ग बताए हैं– ज्ञान योग और निष्काम कर्म योग। यह द्वैत चिन्तन है? या 'मामेकं शरणं ब्रज' वाला अद्वैत; या अपनी-अपनी तरह दोनों सच है? तो क्या एक ही सच्चाई जैसा कुछ नहीं? बहुत सी सच्चाइयाँ हैं? अगर ऐसा है, तो हमें इस बहुलता में ही जीने और सोचने को स्वीकार करना होगा। एक ऐसी परस्परता की भाषा में जीना और सोचना होगा, जिसमें अस्वीकार हो ही नहीं। जैसे क्या इसलिए मनुष्य ने कला की भाषा, जिसमें शब्द नहीं होते– उनके बहाने से केवल, प्रतीक, बिम्ब, ध्वनियाँ और मौन उनके जीवन व्यापी गूढ़ार्थ और सुन्दरताएँ बोलते हैं। हमें प्रकृति की और बच्चों की भाषा में जीना सीखना होगा। उस एकत्व और समग्रता को पाना होगा, जहाँ न सच है न झूठ, न मैं है न तू, न अपना है न पराया केवल एक अन्तर्दृष्टि में सब कुछ समाहित, और एकाग्र और सन्तुलित है। अगर एक कविता अच्छी लगती है, तो यही उसके होने की पूरी दलील है। घनानन्द के शब्दों में कहूँ तो–

लोग हैं लागि कवित्त बनावत
मोहि तो मेरो कवित्त बनावत

जिसमें कविता लिखे जाने का नहीं, कविता के बन जाने का जैविक गूढ़ार्थ व्यंजित है। शायद इसीलिए जहाँ कविता का बन पड़ना एक स्तर पर भौतिक या शारीरिक तथ्य की तरह जान पड़ता है, उसका अच्छा बन पड़ना एक रहस्य या अलौकिक कुछ की अनुभूति कराता है। यह अनुभूति तथ्य-जनित तो है, लेकिन तथ्य की तरह विश्लेषणीय नहीं।

उसके तत्त्व को अपनी सम्पूर्ण चेतना से ही ग्रहण किया जा सकता है। यह बात सुनने में भले ही एक बार वायवीय सी लगे, पर ऐसा है नहीं। केवल दिल से या केवल दिमाग़ से जीना अपूर्ण जीना है। एक उत्कृष्ट रचना हमें सबसे पहले उस सन्तुलित शक्ति का आभास कराती है, जिसमें भौतिक का निषेध नहीं दोनों का ऐश्वर्य भी है, और दोनों का तटस्थ अवलोकन भी।

21 जनवरी, 2001

धार्मिक आधार पर रचित कलाओं, साहित्यों, संगीतों, विचारों आदि की एक बहुत बड़ी दुनिया है। उनकी पहली पहचान मनुष्य की अदम्य रचनाशीलता है– धर्म बाद में।

21 जनवरी, 2001

प्रेम में हम प्रिय को विश्लेषित नहीं करते, उसकी 'रचना' करते हैं। 'प्रिय' को 'सुन्दर' में बदल लेते हैं। कविता में भी, (सबसे) सुन्दर की अनुभूति के ये ही वे अद्‌भुत विरल क्षण होते हैं, जब हम सबसे अधिक जीवित और संवेदनशील अनुभव करते हैं। इस अनुभव का उम्र से कोई सम्बन्ध नहीं, इसका सम्बन्ध मनुष्य होने के उस गहरे तात्पर्य से है, जो हमें जीवन की सुन्दरता के प्रति संवेदनशील बनाता है।

जीवन को छोटा करके जीने में सहूलियत है : लेकिन सहूलियत के लिए जीवन को छोटा कर लेना मूर्खता है!

21 जनवरी, 2001

रचनात्मक साहित्य जीवन से गुज़रने का नतीजा है, आलोचना उस साहित्य से गुज़रने का।

जनवरी, 2001

कलाओं को उनकी परस्परता में सोचें तो हर कला की अपनी विशिष्टता का भी एक बृहत्तर आयाम खुलता है। कविता में संगीत है जैसे संगीत में कवित्व है। सभी कलायें हमारे बुनियादी आवेगों और वृत्तियों से जुड़ी हैं। और रस सभी कलाओं का आधार है। ये हर कला का बुनियादी सरगम है। इन्हीं से उपजते हैं तमाम राग और विराग। यह समझना ही उनके उदारतम संदर्भों और विश्व-बन्धुत्व को आत्मसात् करना है। कलाओं की यह विपुलता यथार्थ से पलायन नहीं है, यथार्थ का मानवीयकरण और सौन्दर्यीकरण है।

जनवरी, 2001

उस्ताद अमीर ख़ाँ की गायी हुई राग हंसध्वनि में माँ काली की एक स्तुति याद आती है– 'जय मातु विलम्ब तज दे...'। गाते तो ऐसा डूब कर गाते कि पता नहीं चलता कोई मुसलमान गा रहा या पुजारी! जय मात से तराना में इत्तिहादे मिलाद तक की सूफ़ी उद्‌भावना तक पहुँचते-पहुँचते मानो धर्मों का फ़र्क ही मिट जाता, गायक और गायन मिलकर निराकार हो जाते। इसी तरह बड़े गुलाम अली ख़ाँ और मुनव्वर अली ख़ाँ के साथ गाई भोपाली में महादेव की स्तुति– महादेव महेश्वर.. जैसे सदा के लिए रक्त में रच बस गयी है!... आज सुबह एक ख़बर पढ़ी : 'ध्रुपद गायक उस्ताद नसीर अमीनुद्दीन डागर नहीं रहे।' धक्का लगा, जैसे अपना कोई न रहा हो। सामवेदी ध्रुवपद गायकी को क्या कभी भी डागर-परिवार से अलग रखकर सोचा जा सकता है? ध्रुवपद गायकी के शिरोमणि तानसेन हिन्दू थे या मुसलमान? कौन जाए इन पचड़ों में? कला की, संगीत की, कविता की जात-पात नहीं होती– केवल मनुष्यता होती है, सुन्दरता होती है, नैतिकता होती है, आनन्द होता है, उल्लास

होता है और हमें उदात्त की अनुभूति करा सकने की दैवी क्षमता होती है! एक छोटा-सा प्रसंग याद आता है– उन दिनों, साठ का दशक, उस्ताद रहीमुद्दीन ख़ाँ साहब डागर लखनऊ में रह रहे थे। एक दिन श्री बदरीविशाल पित्ती के साथ उनसे मिलने गया : अगर ठीक याद है तो ख़ाँ साहब उन दिनों वाई एम सी ए के पास किसी के एक गेराज में रह रहे थे! देर तक ध्रुपद पर बातचीत होती रही। मन में इच्छा थी कि उनसे कुछ सुनने को मिले। ख़ाँ साहब ने वेद की कुछ ऋचाएँ, जो उन्हें कंठस्थ थीं सुनाईं : सुनकर दंग रह गया। ऐसा शुद्ध संस्कृत का उच्चारण किसी महापंडित से भी नहीं सुना था! ख़ाँ साहब ने एक राज़ की बात बताई : उनके परिवार में संगीत के साथ-साथ पहले संस्कृत के शुद्ध उच्चारण की परम्परा न जाने कब से चली आ रही है। देर तक सोचता रहा– कहाँ गया वह हिन्दू मुसलमान का भेद? ध्रुपद को उसकी उच्चतम मर्यादा तक ले जाने वाले कलाकार मुसलमान थे कि हिन्दू? मन्दिरों से लेकर शादियों तक में शहनाई, शुभारम्भ करने वाले बिस्मिल्ला ख़ाँ हिन्दू हैं कि मुसलमान? जिस मजाज़, जिगर और फ़िराक के सान्निध्य में गुज़ारी शामें, आज भी मेरी कला-चेतना का एक अभिन्न हिस्सा बन गयी हैं, उनकी जात क्या थी कौन जाने? बस इतना याद है कि ज़िगर साहब कहते थे :

उनका जो फ़र्ज़ है वो अहले-सियासत समझें
मेरा पैग़ाम मुहब्बत है जहाँ तक पहुँचे...

उनका बस यह प्यारा-सा यक़ीन याद है कि 'मैक़दा तंग बना लूँ मुझे मंजूर नहीं'। कहाँ के थे मजाज़? उसी गाँव रुदौली के, जहाँ की मेरी दादी थीं। क्या उस गाँव को दो हिस्सों में तक़सीम किया जा सकता है? आज भी निदा फ़ाज़ली के दोहे पढ़ता हूँ तो दंग रह जाता हूँ : कौन कहता है कि दोहे तुलसी और बिहारी के बाद ख़त्म हो गए? सरहपा के 'दोहाकोश' से अब तक दोहे की परम्परा उसी तरह बरक़रार है। कौन था

सरहपा? 9वीं सदी। बौद्ध दार्शनिक ब्राह्मण, जिसने एक नीच जाति की स्त्री से विवाह किया। उसका धर्म, दर्शन, उसकी जाति सब गड्डमड्ड : लेकिन उसके दोहे, उसकी कविता आज भी उतनी ही प्रामाणिक अपनी मानवता में...

कबीर कहते हैं जात न पूछो सन्तों की। हत्यारों और असंतों की भी कोई जात नहीं होती। दोनों में फ़र्क़ सिर्फ़ उनकी मानसिकता से पहचाना जाता है, उनके मानवीय और अ-मानवीय होने में होता है।

अप्रैल, 2001

एक नृत्य-कार्यक्रम के सिलसिले में संयुक्ता पाणिग्रही, उनके गायक पति रघुनाथ पाणिग्रही और गुरु केलुचरण जी लखनऊ आए हुए थे। मेरे घर पर संगीत-प्रेमियों का एक अच्छा-ख़ासा जमावड़ा था : ठाकुर जयदेव सिंह, सुरेश अवस्थी, श्रीलाल शुक्ल, जयकृष्ण, केशवचन्द्र वर्मा घर पर ठहरे हुए थे। संयुक्ताजी से नृत्य पर बातचीत हो रही थी– शायद ओडिसी की नृत्य-भंगिमाओं और मन्दिरों की शिल्प-कला पर। संयुक्ता जी अपनी बात को सोदाहरण समझा रही थीं, लेकिन दूसरे दिन जब पूरी तैयारी से वे अपने संगतकारों के साथ घर पर एक कार्यक्रम देने आईं, तो मैं संकोच से गड़ गया। घर के छोटे-से वरांडे में इतनी जगह कहाँ थी कि उन जैसी कलाकार के नृत्य के साथ थोड़ा बहुत न्याय भी हो पाता! लेकिन उनका तो मानो जगह की ओर ध्यान ही नहीं था। एक विचित्र अनुभव हुआ उस दिन, तन्मयता से उनके नृत्य को देखते हुए। एक बड़ा कलाकार अपनी 'जगह' और अपने 'समय' की रचना खुद करता है। उसकी कला जगह को छोटा या बड़ा करने में पूरी तरह सक्षम होती है। यह एक चमत्कार था– कला का चमत्कार– कि छोटा-सा वरांडा मानो एक विशाल मंच में बदल गया था, किसी अन्य कला-समय में।...

09 मई, 2001

श्रेष्ठतम कला की रचना विभेदों में नहीं होती : रचनाशीलता के अभेद में होती है, जिसमें सभी विभेदों (विधाओं) के तत्त्व शामिल होते हैं। जैसे उच्च कोटि के शास्त्रीय गायन में, गायन की विभिन्न विधाओं के तत्त्व मौजूद होते हैं। ठुमरी या ग़ज़ल उच्चतम शास्त्रीयता के स्तर तक भले ही न पहुँच पाएँ, लेकिन उच्चतम शास्त्रीय गायन में ठुमरी, ग़ज़ल या भजन के तत्त्व समाहित रहते हैं। अमीर ख़ाँ ठुमरी या ग़ज़ल या भजन नहीं गाते थे, शुद्ध शास्त्रीय गायन के माहिर थे, जो अपने आप में समावेशी था। उसके उपवर्ग नहीं होते। यह बात काव्य रचना के लिए भी उतनी ही सही है कि अपने श्रेष्ठतम रूप में वह काव्य के श्रेष्ठतम गुणों का सार होती है। उसकी व्याख्या किसी एक काव्य गुण के परिप्रेक्ष्य में नहीं हो सकती। एक उत्कृष्ट गीत में उस तरह के शास्त्रीय गुणों का होना लाज़िम नहीं है, जैसे उच्च कोटि के शास्त्रीय संगीत में गीत तत्त्व का भी होना स्वाभाविक है।

21 मई, 2001

'स्वतंत्रता' शब्द के भी सही अभिप्रायों की रक्षा ज़रूरी है, अन्यथा वह शीघ्र ही अराजकता में विघटित हो जाता है। जब भी हम 'आज़ादी' या 'जनतंत्र' जैसे संवेदनशील मूल्यों को समाज पर लागू करते हैं, तो हमारी पहली जिम्मेदारी उस समाज की शैक्षिक क्षमता का विकास होना चाहिए, जो इन मूल्यों को ग्रहण और आचरित करेगा। इस निर्मम सच्चाई का सामना पहले करना होगा कि सर्वोच्च जीवन मूल्य तभी सार्थक हो सकेंगे, जब उन्हें ग्रहण करने वाला आधार ठीक से तैयार किया गया हो। इसके लिए इतिहास से अधिक वर्तमान का गहरा सामाजिक अध्ययन जरूरी है। इतिहास को कुरेदने के मतलब हैं तमाम कीड़े-मकोड़े, साँप-बिच्छू भी खोदकर बाहर निकाल लेना।

04 जून, 2001

मेरा सबसे बड़ा दोस्त– मेरा आत्मविश्वास है। मेरा सब से बड़ा दुश्मन वह है, जो मेरे आत्मविश्वास को हिला दे।

उस सराहना का क़ायल हूँ, जिससे मुझे प्रोत्साहन मिलता है। उस आलोचना का कोई मूल्य नहीं जो हतोत्साह करे। अब जहाँ तक भी पहुँचा हूँ आलोचनाएँ मेरी कोई मदद नहीं कर पाती, क्योंकि हर आलोचक की अपनी सीमाएँ होती हैं, जिन्हें वह तोड़ नहीं पाता। एक आलोचक की सीमाओं से अपने को देखना अब मेरे लिए असम्भव हो गया है। कोई भी सच्ची सराहना मुझे धोखा नहीं देती, एक प्यार देती है, जिसके बिना लिखना बेहद अकेले होकर लिखना है।

11 जुलाई, 2001

सब कुछ है दुनिया में इस तरह कि कुछ भी ठीक से नहीं मिलता। जो मिलने लायक है, वह उससे, जो नहीं पाने लायक है, बुरी तरह आक्रान्त है। एक अच्छी शान्त सुबह चाहता हूँ, जबकि वह नहीं मिलती बल्कि एक पूरे झंझटिया दिन से दबी हुई आती है। मैं जानता हूँ जीवन की एक बहुत बड़ी कविता है मेरे अन्दर– उस तक नहीं पहुँच पाता। एक दीवार है, मेरे और उसके बीच। उसे तोड़ नहीं पाता, उसे तोड़ने की कोशिश सिर्फ़ मुझे तोड़ती है। सब कुछ है इस दुनिया में, मगर एक-दूसरे में उलझा और फँसा हुआ।

22 जुलाई, 2001

ऐसा नहीं लगता कि भारतीय चिन्तन में वानप्रस्थ या जीवन के चौथेपन का स्वरूप ठीक से परिभाषित और निरूपित होता है। यह संसार से संन्यास या इसका परित्याग नहीं है। उसके स्वरूप का सर्वांगीण और जीवनपरक निरूपण होना चाहिए। पुरुषार्थ के सन्दर्भ में भी अगर वह

मोक्ष, मुक्ति या निर्वाण की चेष्टा है, या स्थिति है– तो उसका 'आज' के सन्दर्भ में विवेचन इस तरह होना चाहिए कि चौथेपन में पहुँचकर, सर्वथा अस्वीकार और अकेलेपन की विकट अनुभूति त्रासदायक न बन जाये। जीवन से अलग आश्रम-जीवन की जो व्यवस्था प्राचीनों ने बनायी, क्या वह आज भी स्वीकार्य है? या उस पर भी पुनर्चिन्तन जरूरी है? विज्ञान और टेकनोलॉजी ने आज ऐसे अनेक साधन उपलब्ध करा दिये हैं कि हम अन्त तक एक ज़्यादा सार्थक जीवनानुभूति कर सकते हैं– 'शेष, समय ज़रूरी नहीं कि केवल एकान्त उदासी और परित्यक्तता में बीते।

अगर इन्द्रियाँ और बुद्धि 75 के बाद भी सक्षम हैं, तो उन्हें बेकार मान लेना ठीक नहीं। यह निर्णय व्यक्ति विशेष की क्षमता और योग्यता पर निर्भर करेगा कि वह अपने शेष जीवन को किस तरह अलग, या सबके साथ, सार्थक ढंग से बिता पाता है– मुख्य बात है, दूसरे उसे किस हद तक सकारात्मक या नकारात्मक पाते हैं।

26 जुलाई, 2001

हम केवल वर्तमान में नहीं रहते। अतीत में भी रहते हैं, जहाँ हमारी यादें, हमारे इतिहास और हमारे मिथक रहते हैं। कभी-कभी हम अपने वर्तमान से ज्यादा अपने अतीत में चले जाते हैं– अपनी भाषा और अपने सपनों के माध्यम से। भाषा में न जाने कितने अतीतों की यादें सुरक्षित हैं। जैसे हमारा एक अन्तर्मन, अन्तश्चेतना या अचेतन होता है, वैसे ही भाषा का भी होता है। हम भाषा में भी सपने देख सकते हैं, या उसमें बिल्कुल इकहरे व्यावहारिक और दैनिक जीवन जी सकते हैं। भाषा की भी कई तहें होती हैं, जैसे हमारी चेतना की। कुछ लोग सपने नहीं देखते। कुछ लोग बहुत ज्यादा सपने देखते हैं। एक कवि उन लोगों में से है, जो ज्यादा सपने देखता है। उसकी कविता उसके सपने हैं। उन सपनों में यथार्थ भी होता है, लेकिन उनकी मूल प्रकृति स्वप्निल होती है,

मानो वह यथार्थ को भी सपनों की तरह देख रहा हो। यह सच है कि यथार्थ सपना नहीं है, लेकिन सपना भी बिल्कुल अयथार्थ नहीं होता। सपनों का विषय केवल उतना ही नहीं होता, जो हो चुका, या जो हो रहा : जो हो सकता, या होने वाला हो उसके संकेत भी कभी-कभी सपनों में मिलते हैं। इसे केवल अपने मतों और आशंकाओं का प्रक्षेपण समझना ग़लत होगा। हमारा चित्त भविष्य में भी फैला है और भविष्य में भी देख सकने की क्षमता उसमें है, लेकिन उस क्षमता का विकास हमने नहीं किया है। 'आविष्कार' और 'खोज' उस क्षमता का एक प्रयास है।

28 जुलाई, 2001

सभी मुश्किलों की जड़ आदमी के अन्दर है, यह समझना भ्रामक है। ज़्यादातर मुश्किलों की वजहें हमारे बाहर, और इसीलिए हमारे क़ाबू के भी बाहर होती हैं। कुछ पर हम ज़रूर काबू पा लेते हैं, कुछ पर कोशिश करके क़ाबू पा भी सकते हैं, लेकिन यह मानना मुझे अपने अनुभव के विरुद्ध लगता है कि सब मुसीबतों के कारण मुझमें ही हैं और मैं ही उन सबके निराकरण कर सकता हूँ। ऐसा नहीं है। ऐसा यदि होता तो एक-से-एक ज्ञानियों और धर्मात्माओं के रहते इतना बड़ा 'महाभारत' नहीं होता, न इतने बड़े-बड़े महायुद्ध आज भी होते रहते। अपने-अपने बुद्धि और बल के मुताबिक हर व्यक्ति जीवन में कुछ-न-कुछ खलल पैदा करता रहता है, जो एक तरह की सामूहिक खलबली का कारण बनता जाता है। यह खलबली कभी भी शान्त नहीं होती, न हो सकती है। इसमें हम सब डूबे हैं, जैसे एक सागर में डूबे हों। थोड़े समय के लिये इससे ऊपर हम तैर आ सकते हैं, लेकिन अच्छे-से-अच्छा तैराक़ इसका पार नहीं पा सकता। निजी इच्छाओं को दोष देना व्यर्थ है, असली दोष उन टकराहटों का है, जो इन इच्छाओं से उत्पन्न होती है। उन्हें व्यक्तिगत स्तर पर दमित करना सम्भव है– जैसे अपनी हत्या सम्भव है। यह अन्तिम हल है, अन्तरिम हल नहीं। महायुद्ध सामूहिक

आत्महत्या है– एक महायुद्ध के बाद की शान्ति मृत्यु के बाद की शान्ति है। बक़ौल ग़ालिब : "कैदे हयात बन्दे गम अस्ल में दोनों एक है। मौत से पहले आदमी ग़म से नजात पाये क्यों?"

30 जुलाई, 2001

इस समय हिन्दी साहित्य में जो बहसें चल रही हैं, वे किन्हीं ख़ास 'साहित्यिक' मुद्दों पर केन्द्रित हों, ऐसा नहीं लगता। ज्यादातर बहसें कुछ ख़ास साहित्यकारों के आपसी प्रभाव केन्द्रों की राजनीति या रणनीति को अपना मुख्य विषय बनाती लगती हैं। उनमें विचारों के ध्रुवीकरण से कहीं ज़्यादा विचारों के विलोम का आभास होता है। वामपंथी और अ-वामपंथी विचारों के बीच विभाजन-रेखा बिल्कुल फ़र्जी जान पड़ती है।

सितम्बर, 2001

बुद्ध, कबीर, ग़ालिब...मृत्यु के यथार्थ से आंखें मिलाते हैं, और साहस के एक चरम बिंदु पर उसके संत्रास को निरस्त्र कर देते हैं। यह मृत्यु के भय पर विजय है। 'आत्मजयी' में मृत्यु के भय से उबर सकने और रचनात्मक जीवन की शक्ति को पहचान सकने की चिंता प्रमुख रही है। यह अदम्य जीवन-शक्ति व बोध ही मृत्यु के भय से मुक्त कराता है।

सितम्बर, 2001

कहते हैं कि ज़हर का प्याला पीने से कुछ पहले सुकरात अपने तन्तुवाद्य पर एक नया राग बजाना सीख रहे थे। किसी ने हैरत से पूछा– कुछ ही घण्टों में, आपके जीवन का अंत हो जाएगा। फिर इस नए राग

के क्या माने? "मरने से पहले अगर एक नया राग सीख लूँ तो इसमें बुरा क्या है।" सुकरात ने सहजता से कहा।

10 नवम्बर, 2001

अधिकांश आत्मपरक लेखन अपने बचाव का लेखन या आत्मप्रशंसा का लेखन होता है। अपने विरुद्ध लिखने का साहस कम लेखक कर पाते हैं। अपने विरुद्ध लिखना या अपने विरुद्ध होकर लिखना या अपने विपक्ष में होकर लिखना, जिस बेलाग ईमानदारी की माँग करता है, उसके बिना सच्चा लेखन सम्भव नहीं। इसीलिए अधिकांश लेखन अपनी वकालत का सार्वजनिक इज़हार जान पड़ता है। निर्मम, सच्चाई और कटुयथार्थ पर आकर्षक पर्दा डालता हुआ, इस तरह कि हम चकमक़ पर्दे को देखते हैं, इससे ढँके कटु यथार्थ को नहीं देख पाते।

04 दिसम्बर, 2001

मीडिया अब शोरगुल होकर रह गया है। इतना आवाज़ी और चिल्लगुपाड़ी कि सिर्फ शोर सुनायी देता-- वह क्या कह रहा, समझ में नहीं आता। जैसे दस-बीस लाउडस्पीकर एक साथ कानों पर बज रहे हों और सिर फटा जा रहा हो, उनके होड़ और लागडाँट से। कभी-कभी लगता उनके प्रति बहरे हो जाना ही शायद उनसे बचने का एकमात्र उपाय है।

04 दिसम्बर, 2001

एक ही बात को घुमा-फिराकर, घुमा-घुमाकर पेंच की तरह दिमाग़ में कसने से या तो बात की चूड़ी मर जाती है, या फिर दिमाग चिटक जाता है, और बात एक ही जगह बेदम बेअसर होकर घूमती रहती

है– ज्यादातर लोगों के पास दो-चार काम की बातों से अधिक विशेष कुछ कहने को नहीं होता– और उन्हीं बातों को वे तरह-तरह दुहराते रहते हैं। इतना भी नहीं, अकसर एक ही तरह दुहराते रहते हैं। हिंसा का यह अन्दाज़ भी अपने आप में एक मिसाल है।

18 दिसम्बर, 2001

मा:र्क्सवाद से मार्क्स के स्तर पर नहीं डरता : घरेलू और घिर्राऊ स्तर पर डरता हूँ। मुझे यक़ीन है, उस स्तर पर मार्क्स भी डरते रहे होंगे।

20 दिसम्बर, 2001

अमूर्तन भी कविता की व्याकरण का ज़रूरी हिस्सा है। यह पद चित्रकला से आया है। मूर्त-कला के प्रतिपक्ष में अमूर्तन का विकास हुआ : ठोस के विरुद्ध अ-ठोस। घनत्व और स्पष्ट की अपेक्षा वायवीय और अ-स्पष्ट का आविर्भाव– एक तरह से भौतिक की वाचाल बहुलता और ज़्यादती के खिलाफ अ-भौतिक का राहत देने वाला सूक्ष्म अवकाश या आत्मलीन अन्तर्आलाप। अमूर्तन के बिना कविता वैसे ही होगी, जैसे शब्दों के बीच की जगह के बिना भाषा।

20 दिसम्बर, 2001

ज़रूरी नहीं कि अपने समय को हम अपने ही समय में खड़े होकर देखें; उसे हम भविष्य के किसी अनुमानित बिन्दु या अतीत से भी देख सकते हैं। सही परिप्रेक्ष्य और बदलते परिप्रेक्ष्य दोनों ही कविता की आन्तरिक जरूरतों को रेखांकित करते हैं। हम कविता की राजनीति को

भी उसके अपने परिप्रेक्ष्य को बदलते रहने की आजादी, अधिकार और कूटनीति में बखूबी पहचान सकते हैं। इसीलिए मैं कविता के सन्दर्भ में 'प्रतिबद्धता' की अपेक्षा 'वाबस्तगी' शब्द को ज़्यादा सही मानता हूँ। जीवन से वाबस्तगी और राजनीति से प्रतिबद्धता में फ   र्क करना ज़रूरी है।

17 जनवरी, 2002

'मानवता' के अर्थ को केवल एक 'भावना' की तरह ही नहीं परिभाषित करना है। उसे मूलतः 'बुद्धिमत्ता' के अर्थ में जानना और स्थापित करना ज़रूरी है। 'बुद्धिमत्ता' के सार-तत्त्व को हमारे स्वभावों में संचारित होना है कि हम उसके नैतिक/सात्त्विक सौन्दर्य को आत्मसात कर लें, इस तरह कि वह हमारे चिन्तन और आचरण में अनायास प्रकट हो। यह एक बड़ा काम है जो कविता द्वारा सम्भव है। मेरा मतलब मुख्यतः उस बुद्धिमत्ता से है जिसे आदमी के 'अनुभव-ज्ञान' ने हज़ारों वर्षों में कमाया है। अच्छे बुरे का यह तात्त्विक-ज्ञान संज्ञानात्मक है। उसमें बहुत कुछ ऐसा है, जो तर्कातीत है : गहरे, आत्म-मन्थन द्वारा ही उस तक पहुँचा जा सकता है।

यह आत्म-मन्थन उस 'संघर्ष' से बिल्कुल भिन्न है, जिसे हम रोज़ के बाहरी भौतिक जीवन में जीते हैं। इसमें एक 'खोज़' और 'अनुसन्धान' का आनन्द है– न कोई लड़ाई जीतने की उमंग, न हारने का डर।

'मानवता' के घनत्व को कुछ इस तरह भी समझा जा सकता है कि 'भावना' यदि उसका आयतन है, तो बुद्धिमत्ता उसका वज़न– उसका सार-तत्त्व!

23 जनवरी, 2002

बुढ़ापे का केवल यही अर्थ नहीं कि जीवन के बहुत कम वर्ष बचे हैं : यह तथ्य तो जीवन के किसी खण्ड पर भी लागू हो सकता है–

बचपन, यौवन, बुढ़ापा...। ख़ास बात है, जो भी वर्ष बचे हैं– जब तक जीवित और चैतन्य हूँ, ज़िन्दगी को क्या अर्थ दे पाता हूँ, या अपने लिये उससे क्या पाता हूँ, ऐसा कुछ जिसका सब के लिये कोई महत्त्व है। लगभग इसी अर्थ में मैं साहित्यिक चेष्टा और जीवन-चेष्टा को अपने लिये अविभाज्य पाता हूँ।

75 का हो रहा हूँ– यानी, जीने के अब कुछ ही वर्ष बचे हैं। लेकिन, जीना बन्द नहीं हो गया है। यह एहसास कि मृत्यु बहुत दूर नहीं है, उम्र के किसी भी मोड़ पर हो सकता है। ऐसा हुआ भी है मेरे साथ। तब हो या अब, यह सवाल अपनी जगह बना रहता है कि जीवन को किस तरह जिया जाये– सार्थकता से अपने लिये और दूसरों के लिये।

23 जनवरी, 2002

पाण्डुलिपि के कुछ ही पन्ने थे– शायद कहीं बीच के पन्ने। पर उन्हें देखने से लगता था कि ज़रूर वह पाण्डुलिपि कम-से-कम 700-800 साल पुरानी होगी। बाक़ी पन्ने कहाँ हो सकते हैं, खोज पाना मुश्किल था, पर जितना मुश्किल था, उतना ही उसका आकर्षण मुझ पर हावी होता जा रहा था। जिस पंसारी की दुकान पर मुझे वे पन्ने मिले, जिनमें लपेटकर वह जिन्स बेच रहा था, उसे बिल्कुल याद नहीं था कि किस कबाड़ी से उसने उस 'रद्दी' को खरीदा था। शायद रतनलाल से, या चमन से। मैंने दोनों से पूछा। दोनों ने पन्नों को उलट-पुलटकर देखा। चमन ने कहा– आप गुड्डू से पूछिए। गुड्डू मुझे अपने माँ के पास ले गया, जो एक सेठ की हवेली में काम करती थी। सेठ कहीं बाहर गया हुआ था। बैठक से ही घर के भीतर का आँगन दीख रहा था– बरामदों और उनसे लगे कमरों से लगभग पूरा घिरा हुआ आँगन। आँगन में एक बटवृक्ष और कुआँ था। मेरा ख़्याल है, सामने वाला दरवाजा सीढ़ियाँ उतरकर बावड़ी तक जाता होगा। गर्मियों में ठंढक के लिये इसी तरह कुएँ के जलस्तर से लगा एक

कमरा बनाया जाता था। सेठ लौटा। उससे बातचीत हुई। पर वह भी पाण्डुलिपि के बारे में कोई ख़ास जानकारी नहीं दे सका, बस इतना ही कि उसके बाबा को पुराने ज़माने की चीज़ों के संग्रह का शौक़ था। पाण्डुलिपि भी उन्हीं पुरावस्तुओं में थी। उसका कोई मूल्य भी नहीं था– यही सोचकर हटा दिया गया था। आख़िर घर की सफाई भी तो ज़रूरी है, पुराना कूड़ा कोई कहाँ तक सँजोता रहे!–

मैं आज भी जीवन की उस विलुप्त पाण्डुलिपि को खोज रहा हूँ --

13 फरवरी, 2002

समय की धारा से कभी-कभी बाहर निकलकर जीने के कुछ क्षणों का एहसास– शायद वे क्षण होते हैं, जब हमारे स्थूल से सम्बन्धों का बोध कराने वाले प्रतीक या संकेत क्षीणतम होते हैं। जिस तरह हम शरीर को जीते हैं, लगभग उसी तरह संसार को जीते हैं। कठिन बीमारी में यह सम्बन्ध-बोध भी कमज़ोर पड़ जाता है।

15 फरवरी, 2002

बहुत लिखने और बहुत छपाने के पीछे भी मुझे कभी-कभी एक घबराहट और आत्मविश्वास की कमी वाला मनोविज्ञान दिखायी देता है। जैसे पक्का यकीन न हो कि जो हम कहना चाहते हैं, कम शब्दों में भी दूसरों तक बखूबी पहुँचाया जा सकता है। उबाऊ सीमा तक जब हम अपने को दोहराने लगते– या अपनी बात को ऊपर रखकर दबा-दबाकर प्रेषित करना चाहते– तो अनजाने में ही हम श्रोता या पाठक में अपने लेखन के प्रति उपेक्षा और बेअदबी को प्रोत्साहित कर लेते हैं। ग़ालिब ने कम नहीं लिखा, लेकिन छपाया कम तो आज उन्हें हम अदब से पढ़ते हैं और इस बात के लिये कृतज्ञ अनुभव करते हैं कि उन्होंने अपने पाठक के समय और अदबनवाज़ी, दोनों की कद्र की।

21 फरवरी, 2002

भरसक कोशिश रहती है कि मेरा लेखन स्वार्थ और द्वेष से प्रेरित न हो। इन्हें मैं श्रेष्ठ लेखन का जानी दुश्मन मानता हूँ। अहं, लेखक का अहं– निःस्वार्थ और निष्कपट हो तो निर्दोष है। उसमें मनुष्य मात्र के प्रति आत्मीयता और समानानुभूति प्रतिबिम्बित होगी। स्वानुभूति बिना कोई बड़ा, लेखन सम्भव नहीं। उसे 'अहं' के अर्थ में नहीं लेना चाहिए। हर व्यक्ति में अहं होता है। हर व्यक्ति दूसरे के अहं को अपने अहं की तुलना में देखता है और उससे अपने को छोटा या बड़ा करके नापता है। अपने और दूसरों के बीच हमेशा एक स्वाभाविक गैर-बराबरी रहती है। छोटे से बड़े होने की उत्कण्ठा जैविक है– विभक्त से सशक्त होने की उत्कण्ठा हमारी जीवन रक्षक प्रवृत्तियों में व्याप्त है।

21 फरवरी, 2002

एक लम्बी कविता के शिल्प को सँभालना मुश्किल होता है। वह सँभला हुआ न हो तो कविता का दुश्मन हो जाता है– कुछ इस तरह कि उसकी लम्बाई तो नज़र आती है, लेकिन उसमें कविता अकसर नज़र नहीं आती (खो जाती है)। फिर, जैसा शेक्सपियर ने कहीं कहा है– 'झउआ भर भूसे में अगर दो दाने (कविता) हो भी, पर सारा दिन लग जाय दिन भर भूसा छानने के बाद उसके निकालने में तो वे दो दाने मिल भी जाँय तो यही लगता है, वे इतनी मेहनत के लायक नहीं।' ग़ालिब को ग़ज़ल में कभी 'बुसअत' नज़र नहीं आती थी, अपने बयां के लिये और कुछ बुसअत चाहते थे। न जाने क्यों? जबकि उनका एक-एक शेर ज़मीन और आसमान को एक कर देता है, और उनकी तमन्ना का दूसरा क़दम वामन के पग की तरह पूरी पृथ्वी से भी बड़ा पड़ता था। मुक्तिबोध कहते थे, मैं छोटी कविताएँ लिख ही नहीं पाता, बड़ी ही कविताएँ लिखता हूँ।

उनकी लम्बी कविताओं का शिल्पहीन शिल्प उन्हीं की ख़ूबी थी। जिसने उस शिल्प की नकल की मारा गया।

कभी-कभी सोचता हूँ कि छोटी-छोटी कविताओं, दो पंक्तियों के उस्ताद ग़ालिब मर्सिया लिखते तो क्या लिखते? अच्छा किया नहीं लिखा, उसे अनीस की ज़मीन पर ही रहने दिया। बिहारी महाकाव्य लिखते तो फँस जाते। केशवदास ने, कवि से अधिक छन्दों के आचार्य, 'रामचन्द्रिका' को छन्दों का अजायबघर बना दिया। तुलसी भले कि दोहा चौपाई तक अपने शिल्प को सीमित रखा और अपने कवित्त की रक्षा की। मुक्तिबोध छोटी कविताएँ लिखते तो शमशेर तो हो न जाते, न उनके पास उर्दू की वैसी पृष्ठभूमि थी। अच्छा है, उन्होंने अपनी कविता की आवाज़ को तरजीह दी और जैसे उसने उनकी जिस भी तरह की भाषा को चुना उसमें बाधा नहीं डाली। विश्वास रखा कि अगर दम है, तो बात ही बोलेगी।

पहले अपने से पूछें, फिर अपनी कविता से, कि आख़िर वह बात क्या है, कथ्य क्या है, जिसे हम कविता द्वारा देना चाहते हैं, फिर शिल्प की बात सोचें। या न सोचें। कविता खुद ही चुन ले अपना शिल्प–या शिल्पहीनता ही पसन्द करें। याद आता एक बार रघुवीर सहाय ने मुझसे कहा था– मैं एक लम्बी कविता लिखना चाहता हूँ। मैंने पूछा क्यों? कुछ सोचा फिर बोले ऐसा लगता है, पर पता नहीं क्यों। मैंने हँसते हुए कहा– जब पता लग जाय तभी शुरू करना लम्बी कविता, वरना नहीं....। लम्बाई की दिशा में 'रामदास' तक गये, फिर लौट आए। अच्छा किया। छन्द अपनाया पर केशव की तरह नहीं, तुलसी की तरह। लम्बाई अजगर की तरह न हो कि कविता जैसी नाजुक चीज़ को लील जाय। हो तो फिर ऐसी हो, जैसे एक महाकाव्य– इतनी बड़ी दुनिया कि उसमें तमाम छोटी बड़ी कविताएँ जगमगा सकें। नहीं, मैं महाभारत की हिदायत तरफदारी नहीं कर रहा हूँ, लम्बी कविता के क़द और कथ्य के बीच सही अनुपात की बात कर रहा हूँ। छोटा कद बड़ी बात जायज़ है : बड़ा कद छोटी बात विफलता है।

25 मई, 2002

आज की कविता का शिल्प, इतना बेशिल्प है, कि उसमें कोई भी कविता कर ले जा सकता है। छन्द का आग्रह न होने से, गद्य को भी इस तरह तोड़-फोड़ कर लिखा जा सकता है कि वह कविता मालूम दे। छन्द में भी लिखने से ही कोई रचना कविता नहीं हो जाती। अन्ततः हम इसी नतीजे पर पहुँचते हैं, कि कविता की श्रेष्ठता, श्रेष्ठ कथ्य से ही निर्धारित हो सकती है। श्रेष्ठ काव्य, यानी जीवन के गहरे अनुभव और विचारशीलता तथा भाषा पर पक्की पकड़ से निकली कविता। यानी एक कविता का प्रमाणित होना, उसकी वेश-भूषा, हाव-भाव का मामला नहीं है, एक पूरी भाषाई संस्कृति और मानसिक शिक्षा-दीक्षा आदि का अन्दरूनी व्यक्तित्व है। "उक्ति वैशिष्ट्य ही कविता है" – राजशेखर के इस कथन में दम जान पड़ता है, जिसमें 'कथ्य' और 'कहने के ढंग' की संगति में काव्य परिलक्षित है।

25 जून, 2002

कुछ चीज़ों से लोग नाहक घबराते हैं, जैसे– अकेलापन या उदासी। बहुत अच्छे और सहयोगी साथी हैं ये। इनके साथ बैठकर गम्भीर विषयों पर विचार करना अपने को एक नयी तरह जानना और समझना है। इनके साथ स्मृतियों में जाना, एक अनोखा गहरा रचनात्मक अनुभव है। समय का एक विस्तृत आयाम खुलता है : दूसरों की उपस्थिति हमारे समयबोध को सीमित करती है।

13 जुलाई, 2002

पशु बुद्धि सहज ही शंकालु होती है। किसी भी नयी चीज़, नयी स्थिति, नयी उपस्थिति, नयी परिस्थिति में उसके कान खड़े हो जाते। खतरा

अनुभव करती है : या तो वह घबराकर उससे भागती है या उस पर आक्रमण करती है। नये के प्रति वह आसानी से आश्वस्त अनुभव नहीं करती।

इस मानसिकता के अवशेषों को हम मनुष्य के व्यवहारों में भी देख सकते हैं। अपरिचित व्यक्ति को लेकर दूसरी प्रतिक्रिया संभावित और सावधान हो जाने की होती है। किसी नयी जगह जाकर ठहरते हैं, तो कुछ दिन लगते हैं, उस जगह को सहजता से बरतने में। कोई नयी दवा या भोजन ग्रहण करने में हिचक अनुभव करते हैं– कहीं वह नुकसान न कर जाये।

यह नुकसान की भावना कहीं हमारी जीवित बचे रहने की प्रवृत्ति की द्योतक है। सुरक्षा भावना का विस्तार– अपनी सीमाएँ बनाना है। हम अकेले होने से भी डरते हैं, अपनों के बीच अपनों के साथ, परिचित वातावरण में अधिक आश्वस्त अनुभव करते। अकेली जगहें, अकेले मकान हमें भयभीत करते हैं। हम झुण्ड में रहना चाहते हैं। जंगलों में शायद ही ऐसी कोई पशु जाति हो, जो झुण्ड बनाकर न रहती हो। एक जाति का पशु दूसरी जाति के पशु से घबराता है। उससे डर और परायापन अनुभव करता है।

20 जुलाई, 2002

साहित्य में 'व्यक्ति' और 'समाज' की आपेक्षिक स्थिति क्या हो यह सवाल बराबर उठता रहा है। या व्यक्ति या समाज जैसे स्थूल वर्गीकरण रचनात्मक साहित्य के सही मूल्यांकन में बहुत दूर तक हमारा साथ नहीं देते। दोनों एक दूसरे के पूरक हैं या फिर दोनों ही अर्थहीन... बिना इस तरह सोचे हम किसी भी बड़े साहित्य का पूरा आशय ग्रहण नहीं कर सकते। अगर व्यक्ति का समाज से और साहित्य का कलाओं से कोई घनिष्ठ रिश्ता है, तो हम इस तथ्य को कैसे नज़र अन्दाज कर सकते हैं कि मनुष्य का

जीवन एक संश्लिष्ट जैविक सचाई है न कि अलग-अलग खण्डों में विभाजित प्रस्ताव। समाज अलग, व्यक्ति अलग... ऐसा नहीं है। हम उन्हें चाहें भी तो अलग नहीं कर सकते। कलाएँ भी हमारे जीवन का हिस्सा है। जीवन में और साहित्य में भी व्यक्ति सम्बन्धी चिन्ताएँ भी उतनी ही जायज़ चिन्ताएँ हैं, जितनी समाज के बारे में। आम आदमी का चित्रण भी बिना किसी ख़ास 'आम आदमी' को केन्द्र में रखे सजीव नहीं हो सकेगा। वह निजी के माध्यम से सम्भव और जायज़ है। रचनात्मक साहित्य व्यापक मानवता का संस्पर्श करता है। यथार्थ का सरलीकरण नहीं करता। उसकी अन्तःप्रकृति की जटिलताओं, उलझनों, और द्वन्द्वों में भी आत्मसात कर पाना रचनात्मक दृष्टि से शायद ज्यादा महत्त्व रखता है। वह मानवीय संवेदना और साहित्य के श्रेष्ठतम प्रतिमानों से शक्ति ग्रहण करता है।

20 जुलाई, 2002

साहित्य में, तथा अन्य कलाओं में भी, 'देखना' और 'याद करना' दोनों ही आपेक्षिक महत्त्व रखते हैं। क्योंकि एक अगर मौजूदा यथार्थ है, तो दूसरा बीता हुआ यथार्थ। दरअसल तो हर लेखन (शब्दों के माध्यम से) व्यतीत को पुनः याद करना ही है– वह व्यतीत चाहे पल भर पहले का अतीत हो चाहे सदियों पहले का। लेखकीय स्तर पर, और फिर पाठकीय स्तर पर, वह 'घटित' पुनः घटित होता है। इस अर्थ में 'अन्ना करेनीना' को आज पढ़ना, या 'मोनालीसा' को आज देखना, एक मृत नहीं जीवन्त अनुभव बन जाता है। इस तरह एक कृति को देखने-पढ़ने से उसका एक वृहत् जीवन-सन्दर्भ बनता है, जिसके माध्यम से हम उसके और अपने युग को भी एक ज़्यादा बड़े यथार्थ के परिप्रेक्ष्य में देख और सोच सकते हैं। हम जिस वास्तविकता को देखते हैं, उसे दिखाना इतना मुश्किल नहीं जितना उसे दिखा सकना जो हम सोचते हैं। पिकासो ने कभी निर्भीकता से कहा था– 'मैं उसे नहीं चित्रित करता, जो

देखता हूँ : उसे चित्रित करता हूँ, जो सोचता हूँ।' दोनों ही तरीके जायज़ हैं, लेकिन बीसवीं सदी की उपन्यास-कला में एक बड़ा फ़र्क आया– काफ़्का और जॉयस के उपन्यास आदमी के भीतरी सोच को दिखा सकने की कलाएँ हैं। यह एक बुनियादी अन्तर है– होमर के 'यूलिसिस' के वास्तविक भटकने में, और जॉयस के ब्लूम की मानसिक भटकन में।

20 अगस्त, 2002

नैतिकता को तर्क से साबित नहीं किया जा सकता। वह अनुभव-सिद्ध बुद्धिमत्ता की कोटि में आता है। उसका औचित्य-अनौचित्य व्यवहार से सिद्ध होता है, और समय से पुष्ट। नैतिकता के तरफ़दार सच्चे चश्मदीद गवाह होते हैं, चतुर वक़ील नहीं। धर्मग्रन्थ पर हाथ रखकर क़सम खाने वाले गवाह का एकमात्र साक्षी उसका अपना अन्तःकरण होता है। वह अगर झूठ बोल दे, या तर्क उसे झूठा साबित कर दे, तो इससे सच्चाई बदल नहीं जाती। इससे केवल यह सिद्ध होता है कि हमने तर्क पर ज़रूरत से ज़्यादा भरोसा किया। यह मानकर चलें कि वक़ील और उसकी वक़ालत के पीछे की ईमानदारी या कुशलता शक़ से परे है। ग़लत-सही, उचित-अनुचित का विवेक होता है, तर्क नहीं। कहाँ से आता है यह विवेक? हमारे अन्तःकरण से। वह ग़लती नहीं कर सकता? कर सकता है, लेकिन धोखा नहीं कर सकता खुद के साथ– क्योंकि वह हमारा अन्तःकरण है, किसी और का नहीं– बशर्ते कि हमने उसे ईश्वर की हद तक विकसित और अपने अन्दर प्रतिष्ठित किया हो, उसे आज भी जीवित रखा हो, तर्क द्वारा उसकी हत्या न कर दी हो। उसे आगे रखकर अगर हम तर्क करें, तो तर्क से भी हमें धोखा नहीं होगा। गाँधी की वक़ालत का यही राज़ था। सत्य की मौजूदगी को पहले अपने अन्दर टटोलते थे, फिर उसके लिये तर्क खोजते थे। तर्क के द्वारा सत्य की खोज नहीं की। यह मानकर चलें कि सत्य तो है ही। तर्क की

विश्वसनीयता पर कम भरोसा किया, 'क्या करते हैं आप जब धर्मसंकट में पड़ते हैं?' –किसी ने गाँधी जी से कभी पूछा था। उनका सहज उत्तर था– 'अकेले कमरे में बन्द होकर सच्चे दिल से प्रार्थना।'

यही किया बुद्ध ने, ईसा ने, मुहम्मद ने... जब भी धर्मसंकट में पड़े गुफ़ाओं, जंगलों, एकान्त में चले गये और सच्चे दिल से प्रार्थना की। आत्मसाक्षात्कार। अपने से संवाद।

25 अगस्त, 2002

आमतौर पर यही समझा जाता है कि भाषा दूसरों तक अपनी बात पहुँचाने या उनसे बातचीत का साधन एक यांत्रिक माध्यम भर है। अपने आप में यह बात सही है, लेकिन पूरी तरह सही नहीं। भाषा के दूसरी तरह के उपयोग भी सम्भव हैं। उसमें कविता लिखना भाषा का एक दूसरी तरह का ही उपयोग है। यह मानकर चलना है कि भाषा एक निर्जीव माध्यम नहीं है। उसमें अपना भी एक जीवन है, क्योंकि उसमें एक ऊर्जा है। यह ऊर्जा उसने जीवन से ही पाई है, जीवन में बराबर व्यवहृत होते रहने के कारण। वह जीवन से ही उत्पन्न हुई है, उसी में पली-पुसी, उसमें बड़ी हुई। उसका अपना भी एक स्वतंत्र व्यक्तित्व है। बुद्धि, हृदय आदि से पूर्णतः सम्पन्न। जब हम उसमें तर्क करते हैं, तो वह हमसे भी तर्क करती है। रोज़ के कामों में हम भाषा का केवल ऊपरी इस्तेमाल करते हैं– उसकी सतह भर को छूते हैं। यह ऊपरी इस्तेमाल कविता में भी सम्भव है। ऐसी भाषा में भी कविता बखूबी लिखी जा सकती है, जिसमें नामों, चीज़ों और जगहों की स्पष्टता हो। उनकी पहचानों के आगे-पीछे या अग़ल-बग़ल किसी तरह का धुन्ध न हो। लेकिन इससे यह नतीजा निकाल लेना कि यही कविता है, कविता और भाषा दोनों का थोक भाव से सरलीकरण होगा।

कविता भाषा में छिपी उस ऊर्जा के स्पर्श और उद्घाटन का प्रयत्न भी है, जो अकसर वस्तुओं के आकार-प्रकार, रंग-रूप, हाव-भाव आदि से ढंकी रहती है। हम वस्तुओं के माध्यम से भी, यानी उनके वर्णन-संयोजन द्वारा भी, उनके अंतरंग का आभास पा सकते हैं। लेकिन इससे कविता और भाषा का वह दूसरा पक्ष, या उसके अन्य पक्ष, खारिज नहीं हो जाते। ये अन्य पक्ष उसके अत्यन्त भावुक और सजीव पक्ष हो सकते हैं, जैसे हमारे उद्गार– भय, प्रीति, करुणा, उदात्तता आदि की भावनाएँ। इनकी भी एक पूर्णतः विकसित, और प्रतिक्षण विकसित होती रहती, भाषा और उसका सशक्त व्याकरण है। हम अगर उस भाषा से अनभिज्ञ हैं– या अनभिज्ञ रहना चाहते हैं– तो इसका यह मतलब नहीं कि वह भाषा है ही नहीं या विलुप्त हो चुकी। उस भाषा में उड़ने, तैरने या डुबकी लगाने की कला अगर हमें नहीं आती, तो यह मान लेना कि आदमी केवल ज़मीन पर चलने वाला दोपाया या चौपाया है, उसकी सामर्थ्य और सम्भावनाओं का अपमान है। भाषा और कविता एकआयामी या दो आयामी भर नहीं है। उनके अनेक आयाम हैं। यह और बात है कि जब हम उनका विश्लेषण या उन पर विचार करें, तो उनके दो एक आयामों तक ही अपने को सीमित रखें, और जो हमारी सीमा हो, उसे भाषा और कविता की भी सीमा मानकर चलें... सितार केवल आवाज़ पैदा करने का एक यंत्र मात्र नहीं है– एक सिद्ध कलाकार के हाथों में संगीत की वह दुनिया है, जिसका कोई अन्त नहीं। कविता के हाथों में भाषा कुछ-कुछ उसी तरह है।

29 अगस्त, 2002

समाज और राजनीति को सामान्यतः साथ रखकर सोचा जाता है मानो उनका एक अनिवार्य पक्ष बनता हो, राजनीति की अगुवाई में। गोया राजनीति समाज से ज़्यादा बड़ी ताक़त हो, और उसकी ताकत का

कुछ हिस्सा समाज ने राजनीति को नहीं, राजनीति ने समाज को दिया हो। यह समझना ज़रूरी है कि समाज का कुल मतलब न तो मोटे तौर पर राजनीति है, न ही राजनीति का मतलब समाज। सामाजिक, राजनीतिक, आर्थिक का जो ध्रुवान्त हमारे दिमाग़ों में घर कर गया है, वह बिना अन्य सांस्कृतिक घटकों के अधूरा और भ्रामक भी है। साहित्यिक दृष्टिकोण स्वभावतः समाज को साहित्य और कलाओं के साथ रखकर सोचता है। सामाजिक चेतना को साहित्य और कलाओं के साथ रखक़र सोचने में उसका अधिक मानवीय और आत्मीय चेहरा उभरता नज़र आता है।

यह तथ्य विचारणीय है कि भारतीय जन अस्मिता को जोड़कर रखने वाली चेतना राजनीति से अधिक अत्यन्त उदार अर्थों में मिथकीय, साहित्यिक और कलात्मक है।

29 अगस्त, 2002

जीवनानुभव से उपार्जित जीवन–दृष्टि को प्राथमिकता देता हूँ। अध्ययन और पुस्तक-ज्ञान का महत्त्व उसे समृद्ध करते रहने में है, उनकी जगह ले लेने में नहीं। न ही उनका विकल्प बन जाने में है।

02 सितम्बर, 2002

प्रेम तो जीवन में कम ही मिला। मैंने ही उसे कुछ ज़्यादा जिया, जीवन से भी ज्यादा। सम्भव की हदों से बाहर, कभी उसे कविता बनाकर, तो कभी उसे पूरी दुनिया बनाक़र। जो नहीं पाया उसका अफ़सोस नहीं। जो दे नहीं सका, उसकी कचोट है।

26 अक्तूबर, 2002

क्षय रोग से पीड़ित बहन के जीवन के वे अन्तिम दिन थे। भुवाली सेनोटोरियम में भर्ती थी। मेरे पिता जी अन्त तक उसके पास रहे। ऐसे कठिन समय में दादा (आचार्य कृपलानी) का भी उन सब के साथ होना एक बहुत बड़ा सहारा था। दादा के चरित्र का यह दूसरा, अत्यन्त मानवीय पक्ष, सचमुच मार्मिक था.... जब कि पब्लिक में वे अपनी सख़्त मुँहफट आलोचनाओं के लिए अधिक जाने जाते रहे हैं।

01 फरवरी, 2003

कोई भी कला सबसे पहले एक जंगली आग की दहशत का आभास है। उसमें सुख-दुख, प्रेम-वियोग, सफलता-असफलता, जय-पराजय, संघर्ष और शान्ति आदि का आनुषांगिक महत्त्व है। अपनी सम्पूर्णता में वह ऐसे स्फुट अनुभव-खण्डों का समुच्चय होती है, जिनसे उसका अपना विशेष प्रतिरोधी संसार बनता है। वह सुखान्त या दुखान्त नहीं होती– शुरू से अन्त तक जीवनवस्तु होती है। प्रतिक्षण उसमें हम जीवन की कौंधती, खलबलाती धधक को महसूस कर सकते हैं। वही हमें अभिभूत भी करता है। शायद यही एक 'क्लासिक' की अमरता का राज़ है कि उसमें यह ऊर्जा एक महान कृति के रूप में ढलकर कुछ इस तरह घनीभूत हो जाती है कि उसकी स्फटिक हीरक सम्पन्नता को हम उसके अस्तित्व से अलग नहीं कर सकते। दह हमेशा हमें उस असाधारण ताप और दबावों की याद दिलाती है, जिससे गुज़रकर कोयला एक हीरे में विदग्ध हो चुका होता है।

24 फरवरी, 2003

ज़रा धीरज रखकर देखें, ज़्यादातर ग़लत और ख़तरनाक लगती चीज़ें जितनी आत्मघाती होती हैं, उतनी घातक नहीं। जिस विनाश के

बीज लेकर वे पैदा होती हैं, वह उन्हें भी नष्ट कर देता है। उग्रता की धार केवल बाहरी नहीं होती, भीतरी भी होती है।

लेकिन स्वयं नष्ट होने से पहले, एक विस्फोटक वस्तु की तरह विनाश का जो ताण्डव वह फैलाता है, उससे कैसे बचा जाये? उससे प्रति-विनाश द्वारा तो नहीं बचा जा सकता, इतना जानता हूँ। बर्बरता को प्रति-बर्बरता से हम बढ़ावा तो दे सकते हैं, पर रोक नहीं सकते।

25 फरवरी, 2003

ऐसे अनेक अवसर आते रहते हैं– और ऐसे अनेक स्नेहपूर्ण आग्रह भी कि हर अवसर पर कुछ कहने की मजबूरी आ पड़ती है। हर बार थोड़ा असमंजस में पड़ जाता हूँ– क्या कहूँ? कुछ कहना तभी चाहता हूँ, जब विशेष कुछ कहने को हो, अन्यथा चुप रहकर उनकी बातें सुनना पसन्द करता हूँ, जिनके पास ख़ास कुछ कहने को हो। सिर्फ़ अवसर की शोभा के लिये नाहक औपचारिकता निभाने के लिये बोलकर दूसरों का और अपना भी समय नष्ट करना अशिष्टता लगता है। मेरी एक और भी मजबूरी है। किसी भी विषय पर बिना पढ़े-लिखे धड़ल्ले से बोल नहीं पाता। लिखकर ही बोलना चाहता हूँ, और लिखने के लिये भी पढ़ना और सोचना भी पड़ता ही है, क्योंकि धड़ल्ले से लिख भी नहीं पाता। क्या करूँ मेरे सोच समझ का ढंग ही कुछ ऐसा है– उसे त्याग नहीं पाता। शिकायतें और उलाहने सुनता रहता हूँ कि आलसी हूँ– घर के अन्दर भी, और घर के बाहर भी। वे सब मेरे हितैषी और मेरे अपने हैं; मैं ही अपना दुश्मन हूँ। वे सब ठीक कहते हैं– बहुत कुछ कर सकता हूँ, नहीं करता। बहुत कुछ लिख सकता हूँ, बहुत कम लिखता हूँ। यह असभ्य ढिठाई है, और उस ढिठाई की हद है, जब सोचता कि जितना लिखा– वह भी ज़्यादा है और कम लिखना चाहिए था। ऐसा मैं अपने ही लिये नहीं बहुतों के लिये

सोचता हूँ। समीक्षा के लिये भी यही सोचता हूँ। हम ज़रा कम बोलें, और जब बोलें तो ऐसे कि सब चाहें कि कुछ और बोलें। बोलने की ही तरह समीक्षा भी सबसे पहले एक शिष्टाचार, एक तहज़ीब है। इस तरह अपनी बात कहने की तमीज़ कि लगे वह किसी शिक्षित और सुसंस्कृत व्यक्ति की बात है। 'विद्या विनयं ददाति' पहली सच्चाई है, जिसे हमारी समीक्षा के आचरण और भाषा का अभिन्न अंग होना चाहिए। क्षमा चाहता हूँ कि एक उपदेशक की तरह बोल रहा हूँ, लेकिन कभी-कभी जब कक्षा-1 की बात उठानी पड़ती है, तो न चाहते हुए भी ऐसी अप्रिय स्थिति बन जाती है। हिन्दी भाषा को बरतने में हम बेहद लापरवाह हैं– जितना उसके उच्चारण को लेकर उससे कहीं अधिक उसकी संस्कृति को लेकर। इस माने में उर्दू का रवैया अतिरिक्त सावधान रहा है– वे अपनी भाषा को प्यार और इज़्ज़त से बरतना जानते हैं। हम हिन्दी को इस तरह इस्तेमाल करते हैं, जैसे यह एक मजबूरी हो, ऐसा एक दुर्लभ सुयोग नहीं कि हम उससे किसी का भी मन जीत लें। जहाँ प्रश्न समीक्षा, समालोचना या आलोचना का हो, वहाँ यह एहतियात और भी ज़्यादा जरूरी है कि हमारी भाषा अत्यन्त विनम्र और सुहृद हो।

26 फरवरी, 2003

काल-विभाजन। इस तरह नहीं करें कि एक राजा मरा तो दूसरा गद्दी पर आया। यानी एक का शासन-काल समाप्त हुआ, दूसरे का शुरू हुआ– साहित्य और कलाओं में ऐसा नहीं होता। बड़ी कला, बड़ा साहित्य कभी नहीं मरते। वे विस्तृत होते हैं। उनके प्रभाव घटते-बढ़ते रहते हैं, और वे आसानी से एक काल से दूसरे में, एक देश से दूसरे में, एक भाषा से दूसरी में– आ जा सकने में सक्षम होते हैं।

26 फरवरी, 2003

कविता जन-विमुख होती जा रही है, या जन कविता-विमुख.... सवाल उठाने का यह सही तरीक़ा नहीं है। ध्रुवीकरण करके अकसर हम नाहक ही द्वन्द्व और तनाव, 'हमले' और 'बचाव' वाली स्थिति बना लेते हैं। कोई कविता जन-विमुख नहीं होती। जनरुचियों में भी अन्तर होता है, जैसे कविताओं में। हम अकसर दोनों के बीच बहुत ही थोक ढंग से समीकरण ढूँढते हैं। दोनों की परिभाषाओं को अगर संकुचित न करें, तो दोनों के संवाद की एक ज़्यादा बड़ी जमीन बनती है। सुनते हैं कि कविता की पुस्तकें बिकती नहीं हैं फिर भी इधर पहले से कहीं ज्यादा कविता की पुस्तकें प्रकाशित हुई हैं। तो शायद प्रकाशक की काव्यरुचि में इधर सुधार हुआ है और उसे पूरी आशा है कि पाठक की रुचि भी सुधरेगी!

30 फरवरी, 2003

इन वर्षों में मैंने अनुभव किया है कि कविता साहित्य की सामाजिक प्रतिबद्धता की पहचान राजनीति से स्वतंत्र नैतिक और सांस्कृतिक शक्ति के रूप में स्पष्ट बननी चाहिए। साहित्य और कला दोनों की कार्य-प्रणाली में बुनियादी अन्तर है। राजनीतिक सोच पद्धति विभाजन और सम्पर्क पर आधारित है।

कविता और कलाएँ जीवन के वैविध्य को अपनाती हैं और उसी से पलती-पनपती हैं। रचनात्मक ऊर्जा पाती हैं। जीवन में भी इस विविधता का पक्ष-विपक्ष जैसे सरल वर्गीकरण से संघर्ष और कलह की भूमिका तो बनती है– लेकिन उस सहिष्णुता और समता की जड़ें कमज़ोर होती हैं, जिसे साहित्य और कलाओं का बुनियादी सरोकार माना जाता रहा है। कलाएँ यदि समावेशी दृष्टि से जीवन को न देखें तो उनका जीवनबोध एकांगी और अपूर्ण होगा।

फरवरी, 2003

21 वीं सदी में प्रवेश करते-करते यह यक़ीन पक्का हो चला था कि हम अब एक ऐसे युग में आ गए हैं जो पूरी तरह व्यावसायिक है। पूरी दुनिया एक बहुत बड़े अन्तर्राष्ट्रीय बाज़ार में बदल गई है। 'कमाऊ' और 'बिकाऊ' के बीच इतनी कम दूरी बची है कि आदमी और चीजों के बीच फर्क़ करना मुश्किल हो गया है। दिन-ब-दिन छोटे होते जाते घर-गृहस्थी और बड़े होते जाते बाज़ार – शायद यही है हमारे समय की एक औसत तस्वीर!....

व्यावसायिकता की बाढ़ में एक बार हमें ऐसा लग सकता है कि उसमें ऐसा सब कुछ डूब गया जो व्यवसाय नहीं है। ऐसा ही युद्धों के समय में भी लगता है कि वह सब विनष्ट हो गया जिसे हम सभ्यता और मनुष्यता कहते हैं। पर यह विचित्र विरोधाभास है कि अकसर ऐसे ही संकट के समयों में ही जीवन-रक्षा के श्रेष्ठतम उपायों की खोज और आविष्कार भी हुए हैं। बीसवीं सदी का पूर्वार्ध जहाँ दो भयानक महायुद्धों से आक्रान्त है, वहीं विज्ञान, कलाओं साहित्य और विचारों के क्षेत्रों में भी क्रान्तिकारी चिन्तन और प्रयोगों का अद्भुत दस्तावेज़ है।

03 मार्च, 2003

मूर्खताओं के झाड़-झंखाड़ से लदफंद बंजर ज़मीन पर उच्च कोटि की बुद्धिमत्ता असफल रहेगी। पहले उस ज़मीन को साफ़ करना ज़रूरी है। उसके लिये सबसे पहले बहुत ही किसानी ढंग की कटाई, गोड़ाई और निराई ज़रूरी है, ताकि उसमें अक़्ल के बीज बोये तो जा सकें। एक समाज अगर अशिक्षा के उस स्तर पर है, जहाँ एक बड़ी जनसंख्या अभी निरक्षर हो, उसे पहले साक्षर और फिर शिक्षित बनाना पहली आवश्यकता है। हिन्दी भाषा में लिखना अकसर मुझे एक ऐसी नाहक मशक्कत जान पड़ती है, जिसके पढ़ने वालों की संख्या अभी तैयार नहीं हुई है, और जो तैयार हो रही है वह भी बुरी तरह घटिया अंग्रेज़ी की चपेट में आ गयी

है– निहायत बाज़ारू क़िस्म की भोंदू अंग्रेजी की अपसंस्कृति हमारी भाषा, रहन-सहन और आचरण, दोनों पर छाती जा रही है।

01 जून, 2003

कुछ यादों ने अपना घर बना लिया है मुझमें। घरवालों की तरह रहती हैं। कुछ यादें आती-जाती रहतीं– दोस्तों, मेहमानों की तरह।

मगर कौन है ये समझ में नहीं आता उसे किस वर्ग में रखूँ? उसे याद ही कहूँ, या कोई और नाम दूँ– एक निशान, जैसे किसी चोट का निशान शरीर पर कहीं, और कहीं– बहुत अन्दर कहीं उस चोट से जुड़ी कोई घटना या दुर्घटना। शायद पूर्वजन्म की। जैसे कोई जन्म-दाग़। पूर्वजन्म को नहीं मानता, लेकिन कुछ बातें होती हैं, जो हरगिज़ इस जन्म की नहीं लगतीं। उन्हें जन्मों से न जोड़ें, तो भी वे इस जीवन से तर्कसंगत ढंग से नहीं जुड़तीं। किसी रहस्य से ढँकी पड़ी रहती हैं। उनकी उपस्थिति कहीं हम में ही, हम पर ही आश्रित। उनका कारण ढूँढ़ना मुश्किल, लगभग असम्भव, होता है; लेकिन हैरत में डालने वाली बात यह है कि कभी-कभी वे ही कारण बन जाती हैं, अगला अप्रत्याशित कुछ होने के पीछे और आगे का जीवन बिल्कुल बदल जाता है।

12 जून, 2003

दिल्ली शहर में घर ढूँढ़ रहा हूँ। शहर, जैसे एक बहुत बड़ी बस। सवारियों से लँदफँद, हर वक्त चलायमान। दिल्ली में रहने का मतलब कहीं पाँवदान बराबर दो कमरों में दो पाँव टिकाकर किसी तरह लटक जाओ, और लटके रहो। उम्र भर। ज़िन्दगी का मतलब बस इतना ही कि जब तक बन पड़े लटके रहो, फिर धीरे से कहीं भीड़-भाड़ में गिर जाओ....।

11 जुलाई, 2003

अतीत में जाने की जरूरत नहीं। अतीत से हर तरह के साक्ष्य और प्रमाण, उदाहरण इकट्ठा किये जा सकते हैं, इस प्रकार भी कि वे एक दूसरे को ख़ारिज़ करते हुए हों। या फिर इस तरह कि हम किसी एक प्रमाण को सर्वोपरि मानकर बाक़ी विपक्षी प्रमाणों या उदाहरणों को खारिज कर दें। जो बुराइयाँ हमें सामने प्रत्यक्ष दिखाई दे रही हैं, उनके निराकरण का उपाय और साधन भी प्रत्यक्ष से ही निकलेंगे। इसके लिये प्रत्यक्षधर्मी और व्यावहारिक होना ज़रूरी है। इन बुराइयों की जड़ें चाहे अतीत से चली आ रही परम्पराओं में जीवित हों, तो भी उनके निराकरण की युक्तियाँ हमें वर्तमान में ही खोजनी होंगी। व्यतीत उदाहरणों को तर्क की तरह इस्तेमाल करना मौजूदा आवश्यकताओं के तर्क को विकेन्द्रित करके कमज़ोर करना है। अज्ञान, उत्पीड़न, शोषण, अन्याय, भ्रष्टाचार आदि भारतीय समाज में व्याप्त ऐसी कुरीतियाँ हैं, जिनके लिये इतिहास से प्रमाण इकट्ठा करना ज़रूरी नहीं। यह नाहक बात का बतंगड़ बनाना है। जो साफ़-साफ़ सामने दिखायी दे रहा, उस पर बेवजह तर्क और शास्त्रीयता का पर्दा डालना है। अतीत की सही जगह अजायबघर और इतिहास के ग्रन्थ हैं। वहाँ से उखाड़-उखाड़कर भूत सामग्री को जीती जागती ज़िन्दगी में बतौर प्रमाण या दुष्प्रमाण की तरह भी जगाना ख़तरनाक है।

11 जुलाई, 2003

वर्गीकरण समाज में प्रचलित उन कुरीतियों का होना चाहिए, जिनका हटाया जाना ज़रूरी है– वे कुरीतियाँ और बुराइयाँ कहीं भी हों– चाहे स्त्री के शोषण में, बालकों के शोषण में, जातिप्रथा में, दलित प्रथा में। उन बुराइयों को भिन्न-भिन्न वर्गों पर लागू करना कुछ-कुछ इस तरह है मानो अन्य वर्गों में भी उन्हीं बुराइयों का होना प्राथमिकता नहीं रखता।

11 जुलाई, 2003

अच्छा इन्सान अच्छे लिबास में अच्छा लगता है। लेकिन अच्छे-लिबास को ही अच्छे इन्सान की पहचान मानना भ्रामक है। कभी-कभी अच्छा लिबास एक घटिया इन्सान को छिपाने का एक आवरण, एक छद्म भी हो सकता है। बिना छन्द के अच्छी कविता नहीं हो सकती यह मानना ग़लत है। मैं छन्द में भी लिखना पसन्द करता हूँ, पर इस कट्टरता को नापसन्द करता हूँ कि जो छन्द में नहीं, वह कविता ही नहीं। छन्दों की दुनिया भी जटिल और पेचीदा है : अकसर हम उनका सरलीकरण करके कुछ ही छन्दों को कविता का पर्यायवाची मान लेते हैं।

नयी कविता ने या आज की कविता ने, कभी भी छन्दों को अस्वीकार नहीं किया : केवल कविता पर उनकी तानाशाही, अकड़बन्दी को अस्वीकार किया और कविता को उसकी आत्मिक शक्ति से जोड़ने की कोशिश की, जो अलंकारों के नीचे दब-सी गई थी।

19 जुलाई, 2003

समाज में शोषण और उत्पीड़न की समस्या क्या हमेशा रहेगी? पहले और व्यापक रूप में रही है। अब शोषण और उत्पीड़न के रूप बदलते रहे हैं। पुराने वक्तों की तरह आज हम अवश्य बाज़ार से सीधे नीलामी में दास और दासियाँ नहीं ख़रीद सकते, लेकिन उससे उनका बिकना बन्द नहीं हो गया। भिन्न रूपों में उनकी ख़रीद-फ़रोख़्त आज भी बदस्तूर जारी है। भले ही न हों आज राजा-महाराजा, सामन्त, रजवाड़े, मनसबदार, खरीददारों के रूप में, पर उनकी जगह बड़ी-बड़ी कम्पनियाँ और फैक्ट्रियाँ, दफ्तर, संगठन, विज्ञापनों, मनोरंजनों आदि जो आज पहले से कहीं अधिक तगड़ा व्यापार कर रहे। आदमी को माल और ख़पत के

माल में तब्दील करने की दैत्याकार मशीनें और तकनीकें आज अधिक कामयाब और त्रास-दायक रूप में प्रकट हो गयी हैं।

09 अगस्त, 2003

ऐसा लगता है जिस देश में युद्ध-स्तर की ग़रीबी, अशिक्षा और भ्रष्टाचार हो वहाँ 'कविता' सम्भव नहीं। कविता के नाम पर जो लिखा जायेगा; वह या तो कविता के विरुद्ध होगा, या फिर यथार्थ के विरुद्ध : जैसे, यदि घोर प्रदूषण हो, तो नदियाँ सम्भव नहीं– वे या तो नाला हो जायेंगी, या फिर सूख जायेंगी।

18 अगस्त, 2003

'आन्तरिकता' के अर्थ को ठीक से समझना ज़रूरी है– ख़ासकर काव्यरचना के सन्दर्भ में। वह हमारे अन्दर वह 'दूसरा या अन्य समय' और 'दूसरी या अन्य जगह' है, जिसमें हमारी चेतना मुक्त विचरण कर सकती है, बाह्य के दबावों से मुक्त। वह न तो बाह्य से पलायन है, न ही बाह्य का हू-ब-हू प्रतिबिम्बन अथवा चित्रण। वह शून्य भी नहीं है; न ही निजी, ऐतिहासिक और मिथकीय स्मृतियों में सैर या भटकाव मात्र। वह एक ख़ास तरह की उन्मुक्तता का एहसास है : एक ऐसी 'जगह' और 'समय' में खड़े होकर जीवन और जगत को देखने का उपक्रम, जो प्रत्यक्ष और वर्तमान से सीमाबद्ध नहीं। जहाँ चेतना अपना मनचाहा प्रति-समय रच सकती है। यह 'विचरण' और 'रचना' महत्त्वपूर्ण है। इनमें यदि हम 'शब्द' भी जोड़ लें, तो काव्य की उस समानान्तर या अन्य दुनिया को समझ सकते हैं। कबीर की रमैनी, साखी और सबद में भी यही भाव ध्वनित होता है।

8 अक्तूबर, 2003

साहित्य और सिनेमा के बीच शुरू से ही अत्यन्त रचनात्मक रिश्ता रहा है– मूक फ़िल्मों के ज़माने से ही साहित्य बड़े फिल्मकारों के लिये आकर्षण और प्रेरणा का विषय रहा है। मेरी यादों में आज भी विक्टर ह्यूगो, थॉमस हार्डी, अलेक्ज़ेन्डर ड्यूमा, एमिल ज़ोला, गुस्ताव फ़्लोबेअर, दोस्तोएव्स्की, तॉल्सताय, पास्तेर्नाक आदि के उपन्यासों पर बनी फ़िल्में हैं, जो स्वयं भी क्लैसिक्स की कोटि में रखी जा सकती हैं– पर सबसे अधिक फ़िल्में शायद शेक्सपियर के नाटकों पर बनी होंगी, और सबसे अधिक क्रान्तिकारी प्रयोग भी उनके नाटकों को लेकर हुए होंगे। शेक्सपियर के केवल एक नाटक 'मैकबेथ' को अगर लें तो शायद उस पर बनी कुरोसावा की 'थ्रोन ऑफ़ ब्लड' एक ऐसी फ़िल्म थी, जिसने एक महान् शब्द-रचना के बरक्स बराबरी की एक बिम्ब-रचना को सफलता से सम्भव बनाया। मानो जापानी माहौल में रखकर कुरोसावा ने अंग्रेजी 'मैकबेथ' का नया आविष्कार किया। वह फ़िल्म की भाषा में मैकबेथ का 'अनुवाद' न होकर अपनी शर्तों पर मैकबेथ की कथा पर आधारित एक साहसिक और मौलिक रचना है। मैकबेथ की ही थीम पर आधारित अभी हाल ही में बनी हिन्दी फ़िल्म 'मकबूल' एक अच्छा प्रयोग है। 'बदला' और 'खूनख़राबा' की जो थीम प्राचीन ग्रीक नाटकों और सेनेका के लैटिन नाटकों से होती हुई शेक्सपियर और उसके समकालीन नाटककारों तक पहुँची थी, उसकी लगभग एक अटूट परम्परा-सी रही है। अरस्तू के अनुसार कलाओं में इनकी प्रस्तुति आदमी के स्वभाव से इनके निष्कासन या विरेचन का भी एक तरीका है।

09 अक्तूबर, 2003

हम सब भिखमंगे हैं : केवल वे ही जो जीवन को मूल्यवान कुछ दे पाते हैं, सही मानो में अमीर हैं।

09 अक्तूबर, 2003

कलाओं की गति सीधी रेखा में नहीं होती, वृत्ताकार होती है। वह चक्राकार घूमती हुई चलती है। वे घूम-फिरकर लौटती रहती हैं, पिछले प्रस्थान-बिन्दुओं की ओर : उनके लिये कुछ भी पुराना या गया-गुज़रा नहीं। पुराने-से-पुराना भी बिल्कुल नयी तरह प्रस्तुत किया जा सकता है। कोई भी सन्दर्भ, रीति, तौर-तरीक़ा, प्रयोग, स्मृति वगैरह, जिन्हें हम समझते कि अब उनके ज़माने लद गये फिर से वापस आ सकते हैं : वर्तमान को एक नयी ज़िन्दगी, रौनक़ और ताज़गी दे सकते हैं। सब कुछ इस पर निर्भर करता है कि एक कला अपने वर्तमान को किस तरह प्रस्तुत करती है : किन आधारों पर वह उस प्रमाणीकरण की नींव रखती है, जिनके द्वारा वह अपने समय का मूल्यांकन करना चाहती है।

09 अक्तूबर, 2003

अपनी एक शानदार आत्म-छवि रखना अच्छा तो है, पर यह एहतियात भी बहुत ज़रूरी है कि वह इतनी भारी-भरकम भी न हो कि उसे ढोते हम उसके नीचे ही कुचल जायें।

21 अक्तूबर, 2003

कवि सपने रचता है– प्रेम के सपने, सुन्दर सपने, अमर सपने– लेकिन सब दूसरों के लिये। खुद, वह उस बेचारे ग़रीब कारीगर की तरह है, जो अपने ही बनाये सपनों से वंचित रहता है। उसकी प्रेमिकाएँ, उसके ताजमहल, उसकी आकांक्षाएँ, उसके कभी भी नहीं हो पाते। वह उनका रचयिता उन्हें जन्म देकर, उन्हें पाल-पोस कर उनसे हमेशा के लिये अलग हो जाता है। इसी में उसका सारा सुख-दुख है।

21 अक्तूबर, 2003

अपने अहं और आत्मगौरव के ही छोटे से द्वीप में घिरकर जीना मुझे मंजूर नहीं। उससे बाहर निकलकर, मुक्त विचरना चाहता हूँ, उन तमाम संसारों में जो मेरे चारों तरफ़ बिखरे हैं। उनकी चिलक भाती है, और मुझे निमंत्रित करती है, अपने अहं की दीवारों को फोड़कर बाहर निकलने के लिये। इस बाहर निकलने का अर्थ कुछ भी हो सकता है, पर वह निश्चय ही भीतर-भीतर सिकुड़ते चले जाना नहीं है।

05 अप्रैल, 2004

उदासी भी जीवन का ही एक रंग है– शायद उल्लास के रंगों से कुछ ज़्यादा ही पक्का और असली। कभी-कभी वसन्त के हुल्लड़ी रंगों से पतझर की जोगिया उदासीनता मन को एक अजीब-सी शान्ति देती है। ऐसा लगता मानो, असली रंग तो जोगिया ही हो, जिस पर खिलवाड़ी फूल, पत्तों, बेल बूटों के कच्चे रंग चढ़ा दिये गये हों। एक मौसम पतझर के फ़कीरी ठाठ की भी अपनी शोभा से भी जी हल्का होता है। कबीर की कविता रोती नहीं, जीवन की असारता पर हँसती है– एक फक्कड़ की सौदाई हँसी, जिसमें कुछ छूटने का दर्द नहीं, एक व्यामोह से मुक्ति की राहत है।

24 अप्रैल, 2004

छन्द कविता के पुराने फ़ैशन का लिबास है, जिसे कविता आज भी कभी-कभी पहनती है। अपने पुराने लिबासों में भी अच्छी/प्यारी लगती है कविता, बशर्ते की वह सचमुच सुन्दर हो। अगर वह सुन्दर नहीं है तो सुन्दर-से-सुन्दर लिबास भी उसे सुन्दर नहीं बना पाएँगे। वह महज़ सुन्दर लिबासों की टँगनी या खूँटी होकर रह जायेगी। कविता का सौन्दर्य छन्दों का

मुहताज नहीं– वह छन्दों को अपना सौन्दर्य देती है। छन्द कोई 'विचारधारा' नहीं है, जिसकी ओर आज की कविता लौट रही है– या लौटना चाहती है।

18 मई, 2004

मैंने एक गधे से पूछा–
'क्यों भाई, तुम इतने उदास क्यों हो?'
उसने मुझे झिड़कते हुए कहा–

'मुझे भाई कहकर अपमानित मत करो। मैं किसी आदमी का भाई नहीं, गधा हूँ। मुझे आदमी से नफ़रत है। जो मुझे गधा समझकर मुझसे गुलामी करवाता है। उम्र भर किसी आदमी का बोझा ढोने के बाद कोई गधा भी आदमी क़हलाना पसन्द नहीं करेगा।'

वह चुपचाप घास चरता रहा। पहले से कुछ ज्यादा ही बेफ़िक्र और उदास।

01 जून, 2004

एक कवि या लेखक कई तरह का लेखन कर सकता है। पर्याप्त विभिन्नताएँ और विविधताएँ हो सकती हैं उसके लेखन में। मेरा संकेत केवल गद्य और पद्य के फ़र्क की ओर नहीं है। विषयों की ओर मुख्य रूप से है। एक ही कवि कई प्रकार की कविताएँ लिख सकता है। उसके आकलन में आपाधापी नहीं होनी चाहिए। कविता के अर्थ को केवल गद्य-पद्य के अन्तर से नहीं समझा जा सकता। विवरण प्रधान कविता में शब्दों की अपेक्षा वाक्य-रचना ज्यादा महत्त्व रखता है। भौतिक (सामाजिक, आर्थिक, राजनीतिक) यथार्थ के विवरण वाली कविता इस माने में शब्द-प्रधान कविताओं से भिन्न महत्त्व रखती हैं। मननशील, चिन्तनशील

कविता और 'वाक्य' अलग-अलग नहीं है। भर्तृहरि ने 'वाक्य पदीयम्' के प्रथम खण्ड में 'शब्द ब्रह्म हैं' की व्याख्या की, द्वितीय खण्ड में शब्द–शक्ति के लिये कुशल वाक्य-रचना पर विचार किया। यानी अर्थोत्पत्ति में शब्दों का यदि मूल योग है, तो वाक्य-रचना का सहयोगी स्थान। इस प्रवृत्ति से बचना चाहिए कि विभिन्न पक्षों के विश्लेषण का अर्थ अनिवार्यतः पक्ष-प्रतिपक्ष ही है। वह जटिल को तर्क द्वारा समझने का एक तरीक़ा है, जटिल को सुलझाकर सरल बना देने की कसरत नहीं। कविता का अर्थ गद्य-पद्य के अन्तर से कहीं ज्यादा बड़ा है। इस बात को प्राचीनों ने हम से कहीं बेहतर समझा था, क्योंकि उन्होंने भाषा की बृहत्तर सामर्थ्य को ध्यान में रखा। उसमें बुद्धि और आत्मा दोनों को शामिल माना। तर्क द्वारा उसकी बाहरी बनावट को भी एक हद तक ही समझा जा सकता है : लेकिन उसकी आत्मा तक पहुँच पाने में सौन्दर्यबोध की संज्ञानात्मक संवेदन– शक्ति काम करती है।

शब्द और वाक्य में भेद करते समय मंशा केवल उनके आपेक्षिक महत्त्व को समझना है न कि उन्हें द्वन्द्वी-प्रतिद्वन्द्वी स्थितियों में बाँटना। कविता और कलाओं की प्रकृति को समझने के लिये भौतिक और रसायन वैज्ञानिक विश्लेषण-पद्धति बहुत दूर तक हमारा साथ नहीं देती। वर्गीकरण का तरीका ज्यादा काम आता है– जैसे वनस्पति और प्राणिशास्त्रों में, क्योंकि कलाएँ और उनकी रचना बहुत कुछ जैविक ढंग से रूपाकार ग्रहण करती है; उपजती और बढ़ती हैं।

03 जून, 2004

अध्यात्म मनुष्य के स्वभाव में है। भारतीय चिन्तन ने मनुष्य के स्वभाव के इस आत्मिक यथार्थ को गहराई से पहचाना, और अगर उसे कुछ अधिक महत्त्व दिया, तो इसका यह अर्थ नहीं कि वह पलायनवादी

या अन्तर्मुखी और लोक-विमुख था। इसके बिना एक दृढ़ नैतिक समाज और संस्कृति का निर्माण दुस्साध्य है। विज्ञान भौतिक की पुष्टि है। उसके द्वारा हम अपने भौतिक परिवेश और प्राणि-जगत को बेहतर जान सकते हैं, पर जीव एवं संसार को, वस्तु मात्र मानना उसकी बृहत्तर सम्भावनाओं की अवहेलना है। सभ्यताओं के भौतिकतावादी उपलब्धियों के साथ हम ऐसा ही होते देखते हैं। उनकी भव्यताएँ, उनकी कलाओं, साहित्यों, दर्शनों, धर्मों आदि में बची रहीं– यानी उनकी रचनात्मक चेष्टाओं में तो बची रहीं, पर उनके वैभव के भौतिक स्वरूप खँडहर हो गये।

04 जून, 2004

कोई भी दो व्यक्ति एक ही तरह की दुनिया में नहीं रहते। दोनों की दुनियाएँ अलग-अलग और बिल्कुल निजी होती हैं। हर व्यक्ति के लिये दूसरे की दुनिया किसी अन्य की दुनिया होती है– उसमें जाना एक अन्यता में जाना है। एक अनजानेपन से सामना है। दो के बीच परस्पर निर्भरता हो सकती है, निकटता हो सकती है, किन्तु आत्मीयता शायद कभी नहीं। आत्मीयता एक ऐसा एकान्त है, जो घनिष्ठ सम्बन्धों के बीच ही बन सकता है। कभी-कभी घनिष्ठ सम्बन्ध ही उसके बनने का कारण हो सकते हैं। हम वह अपना, बिल्कुल निजी और सबसे अलग, एक ऐसा प्रति-जगत भी रच ले सकते हैं, जो नितान्त आत्मीय हो। जिसमें दूसरापन न हो, केवल एक ऐसा बीहड़ अपनापन हो जैसे दूर-दूर तक फैले सागर, मरुस्थल या आकाश का निर्जन।

11 जून, 2004

वाल्ट व्हिटमैन का एक प्रसंग याद आता है। किसी की मृत्यु पर शोक प्रकट करने गए थे। ताबूत में रखे शव को देख रहे थे। पास ही खड़ी एक बच्ची भी उझक कर शव को देखने लगी। ''कुछ समझ में

आता है, बेटी?" व्हिटमैन ने उससे पूछा! बच्ची ने भोलेपन से सिर हिलाया कि कुछ नहीं। व्हिटमैन बुदबुदाए- "मेरे भी नहीं।"

धीरे-धीरे उस आश्चर्य को भी जाना कि कितनी प्रबल और अदम्य है जीवन शक्ति भी। शायद मृत्यु से भी कहीं अधिक शक्तिशाली और ज़िद्दी। जरत्कारु की तरह मृत्यु के मुँह में लटकी हुई भी जीवन की ओर ही देखती।

13 जुलाई, 2004

अच्छे लेखन का हित उसके स्वाधीन रहने में है। लेखक के लिये संगठनों, आन्दोलनों, गुटों आदि की सदस्यता भी उसकी उस आज़ादी को प्रदूषित कर सकती है, जिससे उसके लेखन की आधारभूमि बनती है। किसी हद तक 'अकेलापन' एक जागरूक लेखक की नियति है। संगठनों से उसको सुरक्षा मिल सकती है, लेकिन उस सुरक्षा के लिये उसे बड़ी कीमत भी चुकानी पड़ सकती है– रचनात्मक और वैचारिक स्वतंत्रता के स्तर पर समझौते करके। अकेले पड़ जाने के जो भी ख़तरे हैं, उनसे बचकर लिखना, लेखन की बुनियादी शर्तों से कतराकर लिखना है। अगर एक लेखक सबसे अलग पड़ जाने की नियति से घबराता है, तो इसका मतलब है, उसमें साहस और आत्मविश्वास की कमी है।

11 अगस्त, 2004

हुसैन की 'मीनाक्षी' बिल्कुल स्पष्ट दो स्तरों पर चलती है। एक स्तर पर 'प्रिय' को खोज पाने की वह तमन्ना और बेचैनी है, जो हर कलाकार मन के लिये उसकी कला का आदर्श बनाती है। हुसैन की यह दुनिया उनके चित्रों और लेखन में भरपूर प्रतिबिम्बित होती रही है।

'मीनाक्षी' की दूसरी वह दुनिया है, जिसकी सशक्त पहचान बॉलीवुड के व्यावसायिक मनोरंजन फ़िल्म कारोबार के नजदीक बनती चलती है। कभी-कभी उसके इतनी नजदीक चली जाती है कि उसका पहला वाला स्तर, यानी उसका ख़ास 'कथ्य' की गम्भीरता कमज़ोर पड़ जाता है। फ़िल्म हुसैन का ख़ास माध्यम नहीं है। चित्रकारी में जो मजबूत पकड़ हुसैन की कला को उनकी विशेष कला बनाती है, सिनेमा में रंगों और बिम्बों का ज़्यादा आक्रामक ग्लैमर उसे हाशिए में ला देता है।

'प्रेयसी की खोज' के अनेक मिथकीय प्रारूप विश्व-साहित्य में हैं, जो अनेक रूपों में साहित्य और कलाओं में प्रकट होते रहते हैं। तात्कालिक सन्दर्भ में हम रामचन्द्रन के 'यथार्थ' और 'उर्वशी' श्रृंखला के चित्रों को याद कर सकते हैं, जिन्हें के. विक्रम सिंह ने रामचन्द्रन पर बनी अपनी फ़िल्म ''द लोटस पॉन्ड'' में सशक्त ढंग से इस्तेमाल किया है। 'उर्वशी' का प्राचीनतम रूप ऋगवेद में मिलता है। उसके बाद उसकी अनेक आवृत्तियाँ होती रही हैं– कालिदास का 'विक्रमोर्वर्शीयम्' यदि उसका क्लैसिक उदाहरण है, तो दिनकर का 'उर्वशी' उसका आधुनिक संस्करण। प्रिय के रूप में अप्राप्य की खोज में भटकते नायक (कलाकार का प्रतिरूप) की विश्वप्रसिद्ध कथा 'पण्डोरा ऐण्ड द फ्लाइंग डचमैन' पाँचवें दशक में बनी हॉलीवुड की एक फ़िल्म याद आती है, जिसमें जेम्स मेसन और अवा गार्डनर मुख्य भूमिका में हैं। नायक एक जहाज़ में जन्म जन्मान्तर अपनी आदर्श प्रेमिका की खोज में दुर्दान्त सागरों और अज्ञात तटों पर भटकता रहता है– कभी लगता वह सचमुच मिल गयी, कभी लगता नहीं वह एक भ्रम था, जो फिर टूटा। फ़िल्म अपने 'मूल कथ्य' को प्राथमिक महत्त्व देती है, और उसके ग्लैमर पक्ष को दो अत्यन्त कुशल अभिनेताओं की छवि प्रतिमाओं तक सीमित रखती है, जबकि हॉलीवुड की, पाँचवें दशक में बनी फ़िल्म से यह पूरी उम्मीद की जा सकती है कि उसका झुकाव ग्लैमर की तरफ़ ज्यादा होता।

हुसैन आसानी से जिस ग्लैमर की पकड़ में जाते हैं, उसके पीछे किसी सायास प्रयोग का आभास नहीं मिलता। एक नाजुक बात कहना चाहते हैं, पर उसे बारीक़ी से न कहकर इतने गहरे रंगों से रेखांकित कर देते हैं कि बात की नाज़ुकी और बारीकी दोनों आहत होते हैं। तब्बू के अभिनय में दम है, लेकिन कहानी का दम वहीं निकल जाता है, जहाँ एक पारम्परिक नवाब की छवि में एक कहानीकार को ढालने की कोशिश की जाती है : एक बेमेल-सा संयोग दोनों के बीच कोई समन्वय बनने नहीं देता।

12 अगस्त, 2004

हममें से हर एक का अपना-अपना एक मिथक, एक सुनहरा सपना होता है। वह हमारे जीने को एक अर्थ देता है। यह मिथक उधार का भी हो सकता है– परम्परा, इतिहास, धर्म, साहित्य, कलाओं, सिनेमा, दन्त कथाओं आदि से लिया हुआ : या फिर बिल्कुल हमारी अपनी कल्पना का रचा हुआ, तमाम मिथकों या किसी एक मिथक से चुनकर निकला हुआ। यह हमारी आत्मछवि की जीवनी शक्ति होती है। हमारे संकल्पों की ईंटों को पुख़्ता रखने वाली सीमेन्ट। हम कोरे यथार्थ को नहीं जी पाते। उस पर रंग रोग़न चढ़ाना ज़रूरी होता है : जीने को एक उत्सव, एक शोभायात्रा बनाने के लिये जो अपनी तरह का एक समानान्तर यथार्थ भी होता है। उसके बिना रोजमर्रा के दैनिक यथार्थ और कटु यथार्थ को जीना असम्भव हो जायेगा।

12 अगस्त, 2004

दबंग और ठोस लेखन के लिये वैसी ही पुख़्ता सोच समझ भी चाहिए, अन्यथा वह उद्दण्ड और पोच लेखन होकर रह जाता है। साहित्य

बच्चों के उत्पात की जगह नहीं है, क्योंकि वह बच्चों का खेल नहीं है। किसी भी बड़े लेखक पर तीर चलाने से पहले अपने तीर-कमान को ठीक से जाँच लेना चाहिए, फिर सही निशाने पर तीर लगे और पूरी चोट करे इसकी तमीज़ होनी चाहिए। तीर छोड़ तो दे पर निशाने पर लगना तो दूर अगर वह निशाने तक ही न पहुँच पाये, तो ऐसी तीरन्दाज़ी से तो बेहतर है कि मैदान ही में न उतरें, किनारे बैठकर दूसरों की तीरन्दाज़ी का मज़ा लें।

हिन्दी साहित्य बहुत बीमार है– माना। लेकिन उसका इलाज नीम-हकीमी तो नहीं। कोफ्त होती है, जब तमाम झोलाछाप डाक्टर शेखी बघारते दिखायी देते हैं। तबीयत होती कि पहले इनको पकड़कर इनका ठीक से ईलाज कर दें ताकि साहित्य का इलाज करने का जो बुख़ार इन पर चढ़ा है, पहले वह पूरी तरह उतर जाये।

18 सितम्बर, 2004

सब कुछ यथार्थ में ही नहीं जिया जाता है। एक बहुत बड़ा और सुन्दर जीवन कल्पनाओं में, सपनों में, कलाओं में भी जिया जाता है। उसे कैसे जिया जाये, यह हमें कविता और कलाएँ सिखाती हैं। यह जीवन में गुमराह होना नहीं है, उसकी अतिरिक्त सामर्थ्य का अनुभव और विस्तार है। यथार्थ के समानान्तर एक दूसरे प्रति-यथार्थ की रचना कर सकने की शक्ति और साहस की अनुभूति और कौशल है। यह भौतिक यथार्थ का निषेध नहीं, उसी की सामग्री से एक कल्पना-लोक में उसका दूसरा संस्करण और अधिक स्वैच्छिक निर्माण है।

02 अक्तूबर, 2004

बचपन में हमें दुनिया बहुत बड़ी लगती है, और कहानियों की

दुनिया की तरह कुछ-कुछ अवास्तविक सी लगती है। बहुत कुछ वैसा ही शुरुआती वर्षों में बड़े साहित्य को पढ़ने का अनुभव होता है। एक बृहद आश्चर्यलोक हमारे सामने खुलता चला जाता है, पुस्तक के पृष्ठों के साथ-साथ, जिसमें हम चकित-से घूमते हैं। जैसे-जैसे हम बौद्धिक रूप से अधिक वयस्क होने लगते– हमारी बौद्धिक उम्र बढ़ने लगती– वर्तमान दुनिया की तरह वह दुनिया भी उतनी बड़ी नहीं लगती है। बहुत कुछ अतीत की स्मृतियों की तरह हमारे मन और अन्तर्मन में अधमिटी-सी ठहरी रह जाती है। ऐसा ही कुछ होता है शुरू-शुरू के वर्षों में पढ़ी किताबों को लेकर। कभी जो रचनाएँ दिल-दिमाग़ पर छा गयी थीं, आज भी उनसे एक जुड़ाव महसूस करता हूँ; पर उनसे पहले-सा जज़्बाती लगाव नहीं रह जाता। उनका छायाभास कभी दूर अतीत में कभी अपने आस-पास डोलता अनुभव करता हूँ– हमारे जीवन से निकले वापस हमारे ही जीवन में घुले-मिले हमारे प्रतिबिम्ब, प्रति-अनुभव.... डिकेन्स, ह्यूगो, हार्डी, रोमैन्टिक कवियों का जादू आज भी एक माने रखता है, लेकिन सिर पर चढ़कर नहीं बोलता। शायद किताबें भी हमारी ही तरह लम्बी या छोटी उम्रें पाती हैं। जीवन के अन्तिम वर्षों में, हो सकता है, उनसे पाए अनुभवों का एक निचोड़, एक मोहभंग या कोई दर्शन मात्र ही बचे।

24 अक्टूबर, 2004

भाषा और जीवन-वस्तु दोनों को लेकर मैं इस ओर बराबर सचेत रहा हूँ कि कविताओं में बड़े-से-बड़े जीवनानुभव का आभास हो। हम जिसे आज की, या रोज़मर्रा की, या बोलचाल, बाज़ार और काम धन्धों की भाषा कहते हैं– वह भी इकहरी नहीं होती। हर शब्द का केवल एक निश्चित अर्थ ही नहीं होता, उसका एक इतिहास, संस्कृति और स्मृतियाँ भी होती हैं। भाषा में वे दबी-छिपी-सी रहती हैं, लेकिन कविता में उन्हें

इस प्रकार भी ध्वनित किया जा सकता है कि वे बोल उठें। यह मौजूदा यथार्थ के विलुप्त आयामों के उद्‌घाटन की कोशिश है। कविता भाषा के इस पार्श्व अभिप्रायों से भी अर्थ सम्प्रेषित करती है और भाषा के केवल तात्कालिक ही नहीं, उसके परोक्ष सन्दर्भों को भी झंकृत करती है। भाषा केवल विचार-विनिमय का साधन-मात्र नहीं है, वह खुद भी सोचती है और उसके इस सोचने को भी कविता में महसूस कराया जा सकता है। हम क्या करते, सोचते या चाहते हैं, इसके बीच की जगह को भी इस तरह आलोकित करते रहा जा सकता है कि हम उस दूसरी भाषा की हलचलों और बेचैनियों को भी अनुभव कर सकें, जो जीवन-सत्यों और मानवीय सम्बन्धों की एक ज़्यादा ईमानदार भाषा है– जिसका साक्षी कोई दूसरा नहीं, स्वयं हम होते हैं, जब हम अपने सामने होते हैं।

यह सब मेरे सोच में एक सद्‌भाव की तरह रहा है। नहीं कह सकता मेरी कविताओं में वह कहाँ तक आ सका है। फिर भी, इस तरह सोचने से मुझे अपनी कविताओं से एक वापसी बल और प्रेरणा भी मिलती रही है, जिनका मेरे लिये महत्त्व है।

4 नवम्बर, 2004

जैसे गायन तथा अन्य कलाओं में भी, वैसे ही कविता में भी शौकिया लिखने वाले कवियों का एक बड़ा और स्पष्ट वर्ग बनता है। इससे उच्च कोटि के कविता को कोई हानि नही पहुँचती, बल्कि उच्च कोटि की कविता में रुचि का विस्तार और परिष्कार होता है। अनुकरण और अभ्यास द्वारा ही साधारण प्रतिभा धीरे-धीरे असाधारण योग्यता प्राप्त कर पाती है। यह कलाओं में आत्म-प्रशिक्षण का एक जायज़ तरीक़ा है। इस कथन में काफ़ी सचाई है कि अच्छी कविता से ही अच्छी कविता निकलती है, केवल जीवन के अनुभवों मात्र से नहीं।

(Poetry begets poetry, not only the experience of life.—Borges)

05 नवम्बर, 2004

कविता उस सच्चाई की तरह है, जिसमें कुछ भी अतीत या व्यतीत नहीं होता। सब कुछ सदा आज और अभी होता है। या फिर कभी नहीं होता। शेक्सपियर अथवा ग़ालिब जो कभी थे आज भी हैं। इस माने में कविता की काग़ज़ पर अ-क्षरता अनन्त होती है। एक तीव्र लम्बा वर्तमान। या फिर वह कुछ भी नहीं होती है। कविता का जीवन यानी तीव्रता से अनुभव किये गये कुछ जीवन क्षण हमेशा के लिये कविता में अभिव्यक्त। यह बात कविता और कलाओं के लिये नहीं मनुष्य के हर प्रयास के लिये सच है।

A poet's autobiography is his poetry, any thing else can only be a footnote.

— Yevtushenko

22 नवम्बर, 2004

कुछ-न-कुछ लिखता रहता हूँ। क्या लिखता रहता हूँ अकसर मुझे भी ठीक-ठीक पता नहीं चलता। जब कुछ पूरा हो जाता है, तब लगता है कि शायद यही लिख रहा था। या, शायद यह नहीं कुछ और लिखना चाह रहा था, और यह कुछ और लिख गया। कभी-कभी तो वह इतना पराया-सा लगता है जैसे वह किसी और का लिखा हो, मेरे माध्यम से। लिखने की प्रक्रिया को बहुत सीधे ढंग से नहीं बता पा रहा हूँ– मेरे लिए वह बहुत कुछ जीने की प्रक्रिया की तरह है– एक गतिशील, रचनात्मक ऊर्जा किन्तु बहुत हद तक अज्ञात और अलक्ष्य। यह बात कविता पर और भी ज़्यादा लागू होती है। कविता लगभग जैविक ढंग से शब्द-बद्ध होती है, और वह बिल्कुल अपने ढंग की भाषाई संरचना होती है। हम उससे उसके नियम और उसकी व्याकरण बना तो सकते हैं, पर भाषा की तरह कविता की गति भी अकसर उनके बावजूद विकसित होती है, उनके अनुसार नहीं।

22 नवम्बर, 2004

मेरा आधे से अधिक जीवन लखनऊ में बीता है। उसकी तमाम प्रिय-अप्रिय यादें मेरे अन्दर रची-बसी हैं। हम भले ही एक जगह को छोड़ दें, पर वह जगह हमें नहीं छोड़ती। समय के साथ जगह का रिश्ता सापेक्षी होता है : उम्र के साथ वह विचित्र ढंग से ऐतिहासिक-सा प्रतीत होने लगता है। वह जो समीप था, सुदूर हो जाता है– और उसके साथ वह सब भी जिसे हम जी चुके हैं। कविता में उसकी स्मृतियों की छायाएँ आती-जाती रहती हैं– और कभी एक शहर की ऐतिहासिक स्मृतियों के साथ एक संवाद-सा भी करती लगती हैं। बहुत पहले मैंने एक कविता 'लखनऊ' लिखी थी। काफ़ी पसन्द की गयी थी वह। लखनऊ में रहते हुए उसके अतीत से एक बातचीत-सी है। समीप और सुदूर के अन्तर को मिटाती हुई-सी वह वर्तमान और अतीत को एक साथ जीती है। ऐसी मेरी अनेक कविताएँ हैं, जिनमें मैं वर्तमान को अतीत की दिशा में विस्तृत करता हूँ– उसे एक अतिरिक्त आयाम देने के लिये.....।

31 दिसम्बर, 2004

मार्क्सवाद में सब कुछ सही नहीं था, जैसे सब कुछ ग़लत नहीं था। जो सही नहीं था, उसे कहने की मोहलत नहीं थी– यही सबसे ज़्यादा ग़लत था, और यही उस सब को ले बीता, जो ग़लत नहीं था।

31 दिसम्बर, 2004

अधिकांश विदेशी साहित्य हिन्दी में अंग्रेजी अनुवादों के हिन्दी अनुवादों द्वारा पहुँचा। इन अनुवादों का हिन्दी भाषा और साहित्य दोनों

पर प्रभाव पड़ा, लेकिन जो भारतीय साहित्य– जैसे बंगला साहित्य हिन्दी में अनूदित होकर आया वह हिन्दी की भाषाई और साहित्यिक संवेदना में बेहतर घुलमिल सका। इसीलिए रवीन्द्रनाथ ठाकुर और शरतचन्द्र जैसे लेखक अनुवादों में भी ग़ैर नहीं लगते, और बंगला भाषा के विन्यास, वाक्य गठन, मुहावरे, शब्दों आदि ने हिन्दी में भी (छायावादी कविता) एक नयी तरह के माधुर्य और सोच पद्धति को जोड़ा। मेरा मानना है कि यदि विदेशी भाषाओं के साहित्यों का भी सीधे हिन्दी में अनुवाद हो– अंग्रेज़ी भाषा के मार्फ़त नहीं– तो वह हिन्दी की भाषाई सामर्थ्य को नयी तरह समृद्ध करेगा। अंग्रेजी के अत्यधिक छाए रहने के कारण हिन्दी की अन्य भाषाओं के साथ खुली और स्वच्छंद प्रक्रिया बाधित हुई।

09 जनवरी, 2005

भारतीय जीवन दृष्टि की उदारता में उसकी स्वस्थ वैचारिक परम्परा न कि उसकी कर्मकाण्डी, धार्मिक रीतिरिवाजों के पाखण्डी रूपों की पहचान को आगे लाना चाहिए। धर्म ने बराबर इस परम्परा का शोषण किया, उसके स्वस्थ और उदार मानवीय रूप को कभी चमकने नहीं दिया। उसके स्वरूप और आत्मरूप के दिखावटी कर्मकाण्डी आवरण से ढँका रखा। पौराणिक मिथकों और अवतारवाद के नाटकीय प्रदर्शन के नक्कारखाने में वैचारिक बारीकियों की तूती सुनायी भी कहाँ देती। अच्छे-अच्छे विचारकों ने भी मान लिया कि भारतीय विचार भी मानो धर्म ही हो, उसकी अपनी कोई अलग पहचान और अस्मिता न हो।

लेकिन उसके बरक्स और भी ऐसा बहुत कुछ हुआ, जिसमें भारत की विचार परम्परा धर्म से अलग अपनी प्रशान्त पहचान और विकास परम्परा बनाती रही.... बौद्ध धर्म और जैन धर्म.... क्रमशः 'धर्म' की सीमा से निकलकर 'विचारों' की कोटि की ताकतें भी बनें। भारत में बौद्ध संघ टूटा पर बौद्ध विचारों की अनेक शाखाएँ विकसित होती रहीं–

कभी भारत की भूमि पर कभी बाहर मध्य एशिया, चीन, कोरिया, जापान, तिब्बत, तुर्किस्तान आदि देशों में। सदियों तक भारत और मध्य एशिया के देशों के बीच बौद्ध-विचारों की आवाजाही बनी रही। बौद्ध विचारों के अनेक सम्प्रदाय भारत से बाहर भी विकसित और घोषित हुए। दक्षिण में जैन धर्म या अध्यात्म अपनी तरह प्रभावी रहा– मूलतः अहिंसा के सूत्र बौद्ध की अपेक्षा जैन धर्म से अधिक प्रचारित हुए और गाँधी की वैष्णव भक्ति की संवेदनाओं में हम उसी के प्रच्छन्न प्रभाव को मुखर होते देखते हैं।

17 जनवरी, 2005

समीक्षा पर इधर देरीदा के चिन्तन से लिये गये कुछ शब्दों 'पदों का ख़ासा दबाव दिखायी देता है। देरीदा के सम्पूर्ण चिन्तन का नहीं– ऐसा होता तो मैं 'दबाव' के बजाय शायद 'प्रभाव' शब्द को रखना ज़्यादा सही समझता। 'विमर्श', 'विखण्डन' ऐसे ही दो शब्द हैं, जो देरीदा की शब्दावली में शामिल हो गये हैं। स्त्री-लेखन या दलित-लेखन अब 'लेखन' से अधिक विमर्श कोटि की साहित्यिक चेष्टा के वर्ग में रखकर विवेचनीय माने जाते हैं। साहित्य के लिये उससे थोड़ी दिक्कत भी पैदा हो गयी है। आकलन में वह एक कृति या रचना के साहित्य पक्ष को ज़्यादा महत्व दें या उसके विमर्श-पक्ष को?

07 फरवरी, 2005

किसी एक ही किताब से प्रभावित होने, और फिर उम्र भर उसके प्रभाव में रहने वाली बात मुझे रास नहीं आती। यह कठमुल्लापन है। किताबों की एक बहुत बड़ी दुनिया है, और मैं इस बहुत बड़ी दुनिया में रहना और सोचना पसन्द करता हूँ। पसन्द की किताबों के साथ भी, बदलते वक्त के साथ, हमारे रिश्ते बदलते रहते हैं। *'महाभारत'* या

'रामायण' जिसे बचपन में पढ़ा था, आज मेरे लिये वही किताबें नहीं हैं। बचपन में युद्ध और हेकड़ी के प्रसंग रोचक और उत्तेजक लगते थे : आज वे बचकाने लगते हैं। आज यक्ष प्रश्न *'गीता'* और *'शान्ति-पर्व'* अधिक प्रामाणिक और प्रासंगिक भी लगते हैं।

जब *अलेक्ज़ेन्ड्रिया* का विशाल पुस्तकालय जलकर राख हो गया था, तो इस दुर्घटना पर इस्लाम के कट्टर धर्माधिकारी की प्रतिक्रिया दिलचस्प थी– *"कोई अफ़सोस की बात नहीं है यह : अगर उन किताबों में भी वही सब था, जो क ुरान में है; तो उनकी कोई ज़रूरत नहीं थी : अगर ऐसा कुछ था, जो कुरान में नहीं है; तो उनका जल जाना ही बेहतर था।"* *अलेक्ज़ेन्ड्रिया* की लाइब्रेरी इससे पहले भी जली थी, या शायद जलाई गयी थी, जिस पर रोमन तानाशाह की टिप्पणी और भी निर्मम थी *"अच्छा हुआ... आदमी के कारनामों की शर्मनाक यादें ही तो थीं उनमें"*।

मैं पुस्तकों का प्रेमी हूँ। पढ़ने-लिखने का शौक़ीन हूँ। ऐसे लोगों को ख़तरनाक समझता हूँ, जो किसी एक ही पुस्तक के भक्त हों।

"The limits of my language mean the limits of my world."
—Ludwig ittgenstein

21 फरवरी, 2005

कस्बाई जीवन-शैली और उपन्यास की संरचना के बीच नजदीकी समानता है। मैं जब भी अपने पुराने शहर अयोध्या-फैजाबाद जाता हूँ, मुझे लगता है कि मैं हिन्दी का कोई उपन्यास पढ़ रहा हूँ– वैसे ही से लोग, चरित्र, घटनाक्रम, बातें, गप्पें, मुहल्लों, गलीकूचों और मामूली व्यावसायिक मानसिकता की औसत उलझनों और उपलब्धियों के सुख-दुख।

22 फरवरी, 2005

बड़ा साहित्य वह है, जो आदमी में उसके सामर्थ्य का बोध जगा सके। असहायता, उत्पीड़न और दयनीयता का चित्रण जिस यथार्थ का बोध कराता है उससे ऊपर उठ सकने की शक्तियाँ और युक्तियों के संकेत भी साहित्य से मिलने चाहिए, तभी वह समाज के प्रति अपने उत्तरदायित्व को निभा रहा होगा। मैं उस संकल्प-शक्ति को प्राथमिक महत्त्व देता हूँ जो कठिनाइयों के सामने घुटने नहीं टेकती, बल्कि उन्हीं से जूझते हुए नयी जीवन ऊर्जा पाती है। यह ऊर्जा केवल संघर्ष की भाषा में ही परिभाषित की जाए यह जरूरी नहीं।

फरवरी, 2005

मेरी इतिहास कविताएँ मोटे तौर पर अतीत या अतीत-वैभव की कविताएँ नहीं हैं। कुछ चरित्रों/पात्रों के माध्यम से भारत के सांस्कृतिक, वैचारिक और साहित्यिक परम्परा के उन जीवित स्पन्दनों को छूने की कोशिश हैं, जिन्हें आमतौर पर बड़े शासकों और विजेताओं की वंशावली के हाशिए में रखकर सोचा जाता है। कालिदास या शेक्सपियर का युग गुप्तवंश या एलिजावेथ-I के युग से अधिक महत्त्वपूर्ण था।

भारतीय इतिहास में न केवल सम्राटों की गाथा छायी रही, बल्कि धार्मिक कर्मकाण्डी परम्परा ने भी यहाँ की शुद्ध वैचारिक, बौद्धिक और कलात्मक परम्पराओं की पहचान ठीक से नहीं बनने दी। निस्सन्देह कई अन्य देशों की तरह हमारी कलाओं का भी एक बड़ा हिस्सा धर्मों से प्रेरित रहा, पर निर्भीक वैचारिक एवं दार्शनिक परम्परा भी कम प्रखर नहीं रही।

15 मार्च, 2005

पुस्तक के साथ जब 'मेला' या 'बाजार' शब्द जुड़ते हैं तो पुस्तक

की हैसियत 'बौद्धिक' से अधिक 'बिकाऊ माल' की हो जाती है। 'बिकाऊ माल' की ही तरह उसका उत्पादन भी होने लगता है, और वैसी ही उसकी साज सज्जा और पोशाक भी लपेट समेट में अव्वल, आकर्षण का केन्द्र बन जाती है : अन्दर का माल चाहे घटिया ही क्यों न हो, किताब पान-मसाले की तरह अपनी गहरी डिब्बाछाप ग्राहक पर छोड़ें।

30 मार्च, 2005

भय भी साँप सरीखा है, मगर दिखता नहीं। भय भी विषधर की तरह डसता है, मगर मनुष्य उसके विष से कुछ सीखता नहीं।

मार्च, 2005

भ्रष्टाचार भी एक तरह की हिंसा है – एक व्यापक और जघन्य सामाजिक हिंसा, इतनी घृणित कि वह अपने पराये, दोस्त और दुश्मन में फ़र्क किये बिना अपना काम करती है। भाड़े के सिपाहियों की तरह उनका स्वधर्म ही लूटपाट है– उनका न कोई अपना देश, न कोई अपने लोग, न धन-प्राप्ति से बड़ा कोई उद्देश्य। यह बिल्कुल संभव है कि भ्रष्टाचार के विरुद्ध सब से बड़ी जनक्रान्ति भी वहीं से शुरू हो जहाँ भ्रष्टाचार सब से अधिक हो। कोई भी अत्याचार जब अपनी अति पर पहुँच जाता है तब उसके विनाश के बीज भी उसके अन्दर से ही उत्पन्न होते है। यह प्रकृति का नियम है।

7 अप्रैल, 2005

रोज़ की जिन्दगी में काम आने वाली जरूरत की चीज़ों में कविता शामिल नहीं है। ऐसी बहुत सी चीज़ें हैं, जो जरूरतों के उस वर्ग में

शामिल नहीं की जाती। यह फ़र्क जरूरतों की भाषा और विचारों तथा साहित्य की भाषा में देखा जा सकता है।

इस तरह के वर्गीकरण से एक आसान नतीजा निकाल लिया जाता है, या निकलता हुआ नज़र आता है, कि ज़िन्दगी में कविता एक ग़ैरजरूरी चीज़ है। उत्तर में यह स्टैण्ड लिया जा सकता है कि कविता न तो 'चीज़' (वस्तु) ही है, न ही वह जीवन में ग़ैरजरूरी है। उसे अगर हम ग़लत वर्ग में रखकर सोचेंगे तो गलत नतीजे निकलेंगे। लेकिन बहस के लिए थोड़ी देर के लिए यह मानकर चलने में कोई हर्ज नहीं कि कविता जैसे कोई 'चीज़' नहीं है, वैसे ही वह ग़ैरज़रूरी भी नहीं है!

एक अलग वर्ग अपने आप ऐसी 'नाचीज़ों' का भी बनने लगता है जिनकी जरूरत हम जीवन में बराबर महसूस करते हैं। वे अगर जीवन में न हों तो हमें उनकी कमी अखरने लगती है– जैसे करुणा, प्रेम, मैत्री, सुन्दरता, आत्मीयता, सहानुभूति वगैरह यद्यपि 'चीज़ें' नहीं हैं, लेकिन जीवन में इतने जरूरी हैं कि यदि वे न हों तो जीना ही दुश्वार हो जाय!

कविता को यदि हम 'चीज़ों' के नहीं 'जरूरतों' के इस बृहत् वर्ग में रखकर सोचें तो दोनों को नत्थी करके सोचना कतई मुनासिब नहीं लगता।

कविता एक मानवीय जरूरत है, और जीवन में उसका होना हमारे मनुष्य होने की एक पक्की पहचान को उजागर करता है। मूलतः वह गुणात्मक है, और अ-ठोस होते हुए भी ऊर्जा की तरह हमारे जीवन में मौजूद है, हमारे रक्त और जीवनबोध में प्रवाहित है, हमारी संवेदनाओं में प्रकट है।

दैनिक उपयोग की वस्तुओं के मार्फत भी कविता अपनी बात कह सकती है– यानी अपनी एक ठोस पहचान बनाते हुए। पर यह जरूरी नहीं। चीज़ों के लक्षण-गुणों द्वारा भी कविता अपनी मंशा को प्रकट कर सकती है।

15 अप्रैल, 2005

विचित्र बात है कि हम दोषियों को ढूँढते हैं दूर-दूर तक दुनिया भर में। अगर दोषों को ढूँढें तो वे सब हमें शायद अपने ही अन्दर मिल जायँ सब से पहले।

28 अप्रैल, 2005

भर्तृहरि के मिथक में अनेक अर्थ समाहित हैं। जैसे– इच्छाओं का दमन मत करो, उनको इतना विस्तृत करो कि वे एक ईश्वरत्व को पाने की इच्छा तक पहुँच जायें। जैसे– प्रेम में एक साथ होती हैं जीवन की सशक्ततम और मधुरतम अनुभूतियाँ और विश्वास तथा प्रेम से ही उपजता है मोहभंग और उतना ही गहरा वैराग्य। जैसे– मृत्यु चेतना रहित है किन्तु वैराग्य में शुद्ध प्रखर चेतना है। जीवन से जुड़ी है मृत्यु, जबकि जीवन स्वयं, आत्मनिर्भर है।

13 मई, 2005

हज़ारों वर्षों में झूठ, मक्कारी और स्वार्थ का माध्यम बनती रही भाषाओं के शब्द बिल्कुल भ्रष्ट और दूषित हो चुके हैं। ज़रूरी है कि अब हम एक नयी भाषा का आविष्कार करें– जो शब्दों के बजाय केवल सदाचरण द्वारा मुखर हो।

17 मई, 2005

कविता लिखते समय यदि कहीं अटकाव या रुकावट आए, तो ठहरें। धीरज रखकर सोचें और कविता को एक मौक़ा दें कि वह बताए

कि वह क्या चाहती है। उसके साथ ज़बरदस्ती मत करें। लालची गिद्ध की तरह उस पर झपट्टा मत मारें, वरना वह डरकर उड़ जायेगी, किसी छोटी-सी, नाजुक चिड़िया की तरह। हमारे हाथ अगर कुछ लगा भी तो दो चार नुचे हुए पंखों से अधिक और कुछ नहीं मिलेगा।

25 मई, 2005

पागलपन भी एक तरह की व्यवस्था है। जीवन उस व्यवस्था के तहत भी चलता है। उस व्यवस्था से बाहर जो जीवन है, वह भी एक दूसरे तरह का पागलपन है। कभी-कभी लगता वह कहीं अधिक खूँख्वार है, क्योंकि उसे हम सर्वसम्मति से जायज़ ठहरा चुके हैं। मीशेल फूको ने सभ्यता के उसी पागलपन की क्रूरता को उजागर किया था, जिसने साधारण मानसिक रोगी को अपराधी की तरह मानकर उसे बन्दीगृहों से भी बदतर पागलख़ानों में बन्द रखा।

2 जून, 2005

हम पूरे मरुस्थल को मरुद्यान (नखलिस्तान) में तो नहीं बदल दे सकते। पर जितने भी मरु-उद्यान हमारे पास हैं, उन्हें कुछ अधिक सुन्दर, कुछ अधिक जीने लायक जरूर बनाते रह सकते हैं। कम-से-कम इतना तो कर ही सकते हैं कि वे भी हमारी लापरवाही से कहीं रेगिस्तानों में न बदल जायें।

2 जून, 2005

जो ज्यादा सुनते हैं, उनके ग़लत सुनने का खतरा ज्यादा होता है। ऐसा एक कम सुनने वाले बूढ़े का कहना है। जैसे सरपट, तेज़ दौड़ने वालों के गिरने का भी खतरा ज्यादा होता है।

11 जून, 2005

एक छोटा-सा सामान्य जीवन भी हमें बहुत कुछ सिखा सकता है। वह केवल 18 वर्ष जीवित रही– मेरी बड़ी बहन। कविता का बेहद शौक़। प्रसाद उसके प्रिय कवियों में से थे। जीवन के नाम पर मानो वह मुझे अपना यह शौक़ सौंप गई। फिर उसकी असमय मृत्यु हो जाना– बहुत छोटी उम्र में। कुछ समझा, कुछ नहीं, अबोध की तरह बूझता रहा– क्या अर्थ है इस जीवन का, मृत्यु का?

18 जुलाई, 2005

कुछ विचारों की स्वाभाविक संरचना ही सांस्थानिक होती है। वे स्वतंत्र विचारों की तरह जीवित ही नहीं रह पाते। बहुमत से ही शक्ति पाते हैं और बहुमत को ही शक्ति दे पाते हैं।

24 जुलाई, 2005

ज़िन्दगी आज भी पुराने ज़मानों वाला नाटक ही है। चाहता हूँ वह आज की तरह 'सिनेमाई' होती– सुसंपादित! उसे उलट पुलट कर 'फ्लैश बैक्स' में भी जी सकने की सुविधा होती। चौंकाती, सकपकाती हुई तस्वीरें! वह असलियत नहीं अभिनय मात्र होता – सब कुछ पर्दे के ऊपर, पीछे कुछ नहीं। नाटक की नायिका यथार्थ में मेरी बहन थी। चाहता हूँ वह मेरी कोई न होती, जिसे अन्त में मरना था।

9 अगस्त, 2005

बुद्ध सारे सांसारिक बन्धनों को तोड़कर जिस निर्वाण, मुक्ति या मोक्ष को पाना चाहते थे वह तो और भी निरर्थक और निस्सार लगता

है– लगभग मृत्यु की तरह 'सब कुछ' को एक बहुत बड़े 'कुछ नहीं' में विसर्जित करता हुआ! कहीं वह एक ऐसे चरम विषाद की पूजा या शरण तो नहीं, जो जीवन का ठीक उलटा है– निराशा की ही चरम अनुभूति से उपजा हुआ? क्या उसे हम शान्ति कह सकते हैं?– या वह ऐसा कुछ है जिसमें न शान्ति है, न हलचल : वह केवल एक निस्पन्द शान्ति का शून्य है!

एक पथरायी हुई चेतना किसी शून्य-बिन्दु पर हमेशा के लिए ठहरी हुई... अगर उसमें करुणा या वेदना की कोई भी अनुभूति या स्फुरण बाकी रह जाता है, तो फिर वह निर्वाण या मोक्ष कैसे हुआ? वह तो जीवन से निकला एक महाजीवन हुआ! वह कर्मों से छुटकारा नहीं, एक महाकर्म की भूमिका बनाता है! वह जो तड़पता है अभी जीवित है, उस दर्द में भी जीवन है।

24 सितम्बर, 2005

कविता, किसी भी कला की तरह एक प्रपंच है– विश्व प्रपंच की तरह। उसे 'व्यवस्था' कहना एक बुद्धिवादी ज़िद है। वह स्वभाव से स्वतंत्र रचना है, हमारे नियमों से मुक्त। उसका अपना अलग संसार, देवी-देवता, मनुष्यताएँ और नैतिकताएँ हैं। हमें उस दुनिया में आने-जाने की आज़ादी है। उस दुनिया को नष्ट होने देना एक ऐसे निरीह संसार का विनाश है, जिसमें हमारी सबसे मृदु और मूल्यवान संवेदनाएँ संकलित और संरक्षित हैं। कविता तथा कलाएँ उस सुरम्य वनस्थली की तरह हैं, जिसकी उपस्थिति मानव सभ्यता के पर्यावरण को स्वस्थ और सन्तुलित रखने में ऑक्सीजन का काम करती है।

2 अक्तूबर, 2005

एक बड़ा क्लैसिक, एक महान लेखक का रचना-संसार– ये सब

अपने आप में एक अलग दुनिया होती है। हमारे रोज़ के जीवन के पास-पड़ोस में बसा एक वैकल्पिक कल्पना-लोक। उसका अपना 'समय', अपनी 'जगहें', अपने 'निवासी' और अपने 'पात्र' होते हैं। हम वहाँ आसानी से आ-जा सकते हैं, घूम-फिर सकते हैं, सैर-सपाटे, सोच-विचार, गपशप कर सकते हैं। उसमें भ्रमण के अलग क़ायदे कानून होते हैं। शेक्सपियर के नाटक, कालिदास के नाटक, काफ़्का, दोस्तोएव्स्की और तॉल्सताय के उपन्यास... ऐसी ही दुनियाएँ हैं, जिनके अपने भूगोल और इतिहास हैं। वे इतने बड़े हैं कि हम उन्हें अपनी छोटी-सी दुनिया के अन्दर नहीं ला सकते : हमें उन दुनियाओं के अन्दर जाना पड़ता है– जैसे एक देश से दूसरे देश में।

साधारण रचनाएँ, या छोटी-छोटी रचनाएँ घनिष्ठ मित्रों और सम्बन्धियों की तरह हमारे घरों में आती हैं। हम उनके साथ उठते-बैठते, बातचीत करते, सोच-विचार करते... हम उन्हें बिल्कुल अपना बना सकते हैं, लेकिन उनके पास, हमारी ही तरह, वह दूसरा वाला इतना बड़ा समय और जगह नहीं होते, जिनमें हम ज़्यादा फैलकर विचरण कर सकें। जो हमारे इस छोटे-मोटे रोज़ के व्यवहार-जगत को वह अतिरिक्त आयाम दे सके, जो हमें एक बड़ी रचना, या बड़े रचनाकार का रचना-संसार दे पाता है। एक कालजयी क्लैसिक और एक सामान्य रचना के बीच बुनियादी अन्तर को मैंने अपने लिये कुछ-कुछ इसी तरह जाना और जाँचा-परखा है कि वह किस तरह मेरे काल-बोध और स्थान-बोध को विस्तृत कर पाता है।

04 अक्तूबर, 2005

प्रकृति से मेरा मतलब केवल बाहरी प्रकृति यानी उसके दृश्यों, सैरों, रूपाकारों, वन प्रान्तर आदि से ही नहीं है। उस जीव-शास्त्र से भी है, जो प्रकृति के अंतरंग जीवन का अध्ययन, उद्घाटन और विवेचन है– जिस वर्ग में हम डारविनवाद तथा पर्यावरण सम्बन्धी चिन्ताओं को रख

सकते हैं। मैं एक कविता की बनावट को कुछ-कुछ उसी तरह देखता हूँ, जैसे एक विकसित या अर्ध विकसित पौधे फूल की बनावट को। जिसका मूल तत्त्व संश्लेषात्मक है। विश्लेषण द्वारा हमें उसके अवयवों की जानकारी तो मिल सकती है, लेकिन इस जानकारी द्वारा हम उस सौन्दर्य के रहस्य तक नहीं पहुँच सकते, जो उन अवयवों को एक अत्यन्त जटिल पौधे या वृक्ष के रूप में प्रगट करता है। पत्थर के अध्ययन और उससे निर्मित शिल्प के अध्ययन में जो गुणात्मक अन्तर है– वह तर्क, यंत्र और गणित का मामला नहीं, इनसे परे उस संवेदनशीलता का मामला है, जो सही माने में हमारे रसज्ञ होने के गहरे अभिप्रायों से जुड़ा है।

05 अक्तूबर, 2005

मेरी दिलचस्पी उस इतिहास में अधिक नहीं, जिसे मैंने पाठ्य पुस्तकों में पढ़ा है। उस इतिहास में भी कम ही है जिसे पेशेवर इतिहासकार जोड़-गाँठ कर पेश करते हैं। मेरी दिलचस्पी इतिहास के उन आवारा भटकते तथ्यों, छिन्न-भिन्न अवशेषों, यात्रा-वृत्तान्तों अतीत के अँधेरे-उजालों, अन्धे गलियारों और उन भूले-बिसरे वृत्तान्तों में अधिक है जो गैर-ऐतिहासिक स्रोतों में छिपे पड़े हैं– मूलतः मनुष्य की कलाकृतियों, उसके रचनात्मक साहित्यों, भव्य इमारतों और खँडहरों, डायरियों, संस्मरणों, नोट्स, पत्रों, शास्त्रों, दर्शन आदि सांस्कृतिक धरोहरों में। घुमन्तू सन्तों, उपदेशकों और महात्माओं का एक लम्बा इतिहास है, जिसे अकसर हाशिए में रखकर पढ़ा जाता है। यायावर पण्डितों और अनुवादकों की एक बृहत् परम्परा है, जिसका पूरी तरह उत्खनन हुआ ही नहीं।

मेरी पहली दिलचस्पी समय में सदियों से गड़े-पड़े इस भूले-बिसरे अकूत ख़जाने में है। अनुवादकों ने भी इतिहास बनाया है। अपनी भाषा की दुनिया से बाहर निकलकर अपनी भाषा के सन्दर्भ को दूसरी मान्यताओं के जरिये दूसरों तक पहुँचाया है। यह केवल एक तटस्थ या

नगण्य चेष्टा नहीं थी। यह भी एक देश से निकलकर दूसरे देशों में प्रवेश अभियान जैसी चेष्टा थी। इसके अपने विजय के चिह्न आज भी मौजूद हैं। जैसे– कुमारजीव (पाँचवीं सदी) के पुण्डरीक सूत्र के चीनी अनुवादों जैसे दिग्विजयी बौद्ध ग्रन्थों के अनुवादों में।

05 अक्तूबर, 2005

मेरे मन में प्रेम की अपेक्षा मैत्री के प्रति अधिक आदर रहा है। जिस तरह शायद एक निःस्वार्थ, निष्काम, निर्दोष, दीर्घायु मैत्री सम्भव है, उस तरह प्रेम नहीं।

06 नवम्बर, 2005

किसी लेखन में यदि समाज के पिछड़े वर्ग का 'चित्रण' कम हो तो भी उससे यह नतीजा निकाल लेना जल्दबाजी होगी कि उसमें निचले वर्ग को लेकर चिन्ताएँ नहीं हैं, या कम हैं।

14 नवम्बर, 2005

उत्कृष्ट तर्क का भी एक कवित्त होता है, जो सीधे दिल को नहीं छूता, दिमाग़ से होते हुए दिल तक पहुँचता है।

15 नवम्बर, 2005

सुदूर 'जगहों' को भी हम कुछ-कुछ उसी तरह सोचते हैं जैसे सुदूर अतीत को। अब, जब 'दूरियाँ' तेज़ी से 'निकटताओं' में बदलती जा रही हैं, जगहों और समय को लेकर भी हमारी अनुभूतियों में बदलाव आ रहा है।

सुदूर 'जगहें' भी सुदूर 'अतीत' की तरह प्रतीत नहीं होती हैं। निकटताएँ उन्हें घनत्व देती हैं। घनिष्ठताएँ उन्हें वास्तविकता, अस्तित्व और व्यक्तित्व। बहुत दूर पहाड़ियों पर चढ़ता उतरता एक व्यर्थ चिह्न प्रश्न चिह्न हो सकता है, और विराम-चिह्न भी; या एक सफ़ेद काले घोड़े पर बैठा एक सवार न जाने कहाँ से आता और कहाँ को जाता हुआ?

22 नवम्बर, 2005

कोई भी बड़ा विचार खरे सोने की तरह अपने शुद्धतम खरे रूप में रचना के बहुत काम का नहीं होता। खरे सोने से आभूषण नहीं बन पाते। उससे एक मिलावटी धातु बनाना पड़ता है। कुछ खोट डालकर इस तरह कि सोने की पहचान भी बनी रहे और उससे निर्मित कला-वस्तु की मौलिकता भी। हर विचारवान लेखक और कवि बड़े विचारों को अपनी तरह ग्रहण कर उनका फिर से आविष्कार करता है। मूल विचार की गुणवत्ता की उपस्थिति को बरकरार रखते हुए एक बड़ा रचनाकार मूल विचार या विचारों को ज्यों-का-त्यों पेश नहीं करता, उसे या उन्हें परिवर्धित और मिश्रित करके नये-नये रूपाकार भी देता है। यह एक मिश्रित प्रक्रिया है। रचनात्मक जरूरतों के हिसाब से बड़े-बड़े विचारों का परिवर्धन और परियोजन। विचारों की शुद्धता अथवा स्पष्टता से कभी-कभी उनका धुंध ज्यादा उत्प्रेरक हो सकता है। एक रचना का मतलब काफ़ी कुछ उस धुंध का महिमामण्डन भी है, जो एक विचार या विचारों को घेरे रहता है।

25 नवम्बर, 2005

शोषण के अर्थ को इतना और इस तरह फैलाना ज़रूरी नहीं है कि मानवीय सम्बन्धों पर भी शक़ होने लगे। मानवता के उदारतम अर्थों

को फैलाना ज़्यादा जरूरी है।

एक दूसरे पर निर्भरता, एक दूसरे की मदद का अर्थ एक दूसरे का शोषण नहीं है। सावधानी जरूरी है कि हम 'शोषण' शब्द की दुर्व्याख्या न करें। उसके अर्थ का इस तरह दोहन और आरोपण न करें कि 'सामाजिकता', 'प्रेम', 'मैत्री', 'करुणा', 'उपकार' जैसे नितान्त मानवीय मूल्य भी उसकी चपेट और लपेट में आ जायें। 'शोषण' का अर्थ समझाने की धुन में कहीं हम व्यावसायिक स्वार्थ के अर्थ को न स्थापित करते चले जायें। हम कुछ भी करने चलें तो पहले यह तौलें कि इसके बदले में हमें क्या लाभ मिलेगा; यह क्षुद्र किस्म की वणिक्-वृत्ति है। अपने हित को सर्वोपरि रखने की नीयत में ही शोषण की शुरुआत है, दूसरे की मजबूरियों का लाभ उठाना शोषण है, लेकिन किसी मजबूर को लाभ पहुँचाना एक नैतिक जिम्मेदारी है स्वार्थ नहीं– इस सोच-समझ में घपला नहीं होने देना चाहिए।

25 नवम्बर, 2005

जीवन में किसी बहुत बड़े परिवर्तन या उपलब्धि के पीछे कभी-कभी कोई बहुत ही मामूली, छोटी-सी वजह या घटना हो सकती है। इतनी छोटी, जैसे *दान्ते* का *बीआट्रिस* को देखना, या *लिओनार्दो द विन्ची* का *जाकोन्दा* को संगीत सुनते 'देखना'। कभी-कभी किसी मनचाही वस्तु के मिलने से उसका न मिल पाना उससे ज़्यादा बड़ा कुछ रच पाने का ज़्यादा बड़ा कारण हो सकता है।

फैनी ब्रान के एवज़ में *कीट्स* की कविता कहीं ज्यादा बड़ी उपलब्धि है। कौन जाने यदि कीट्स को उसकी प्रेयसी मिल जाती, तो उसकी कविता का क्या होता। उत्प्रेरणाएँ कारक-बीज की तरह होती हैं। कला-सम्वेदना की उर्वर ज़मीन पाकर पनप उठती हैं, अन्यथा उनका कोई विशेष महत्त्व नहीं।

10 दिसम्बर, 2005

एक बार घर के समझदार बड़े बूढ़ों ने मिलकर एक नासमझ बच्चे को समझाया कि किसी से डरना मत। कुछ भी करने से डरना मत, क्योंकि सही भी गलत हो सकता है और ग़लत भी सही। यह बात उस बच्चे के मन में गहराई से बैठ गई कि वह एक निडर और बहादुर बच्चा है, और उसे कुछ भी करने की पूरी छूट है। लिहाजा वह एक छुट्टे साँड की तरह बच्चे से बड़ा होने लगा। घर की तोड़फोड़ से शुरू करके मुहल्ले और पूरे शहर में उसकी तोड़फोड़ का आतंक फैलने लगा। उस पर रोक लगाना ज़रूरी हो गया, लेकिन जितनी ही रोक लगती, उतना ही वह और उग्र होता गया। सारी दुनिया में उसके आतंक का सिक्का बैठ गया। वह जो किसी से नहीं डरता कुछ भी कर सकता है यह साबित करने के लिए कि वह किसी से नहीं डरता। एक लड़ाके का चेहरा, एक निडर मनुष्य का चेहरा नहीं, एक उद्दण्ड, उत्पाती दुस्साहसी बच्चे का चेहरा है।

12 दिसम्बर, 2005

कविता स्वभाव से आत्मविश्लेषी और आत्मान्वेषी विधा है। रोज़ के मामलों-वाले जीवन की भनक तो उसमें रहती है, पर उस यथार्थ का अगर पूरा बोझ उस पर डाला जाये, तो कविता का नाजुक ढाँचा चरमरा उठता है। कविता से हम वह काम नहीं ले सकते जिसके लिए साहित्य की अन्य कई विधाएँ ज़्यादा उपयुक्त ठहरती हैं, जैसे– उपन्यास, कहानी, नाटक, निबन्ध आदि। यह बात कविता के महत्व के विरुद्ध नहीं जाती कि मूलतः वह मनुष्य की सबसे आत्मिक और कल्पनाशील चेष्टा है। इधर कविता पर जिस तरह के ठोस यथार्थ का दबाव पड़ता रहा है, उससे कविता का बहुत भला शायद नहीं हुआ है। उसके सरोकारों का दायरा ज रूर कुछ बढ़ा, लेकिन हमें गहरे से उत्प्रेरित और आन्दोलित कर पाने की क्षमता शायद कुछ कम हुई, ऐसा लगता है। शायद अब यह एक कोशिश

बहुत बेकार साबित न हो कि एक बार फिर यथार्थ के इस अतिरिक्त बोझ की गठरी कविता के सिर से उतार कर उन ज़्यादा मज़बूत कन्धों पर रखी जाये, जिसके लिए साहित्य की अन्य विधाएँ बनी हैं। दैनिक यथार्थ से कविता का घनिष्ठ रिश्ता फिर भी बना रहेगा– पर ज़्यादा आत्मिक और भावनात्मक स्तर पर, स्थूल स्तर पर थोड़ा कम। सामाजिक यथार्थ को भी, दूसरे तरह कहें तो, किंचित अधिक काव्यात्मक ढंग से पुनः परिभाषित करना होगा– वाणिज्य की भाषा में ही नहीं।

19 दिसम्बर, 2005

तमाम तरहों से कम होता जा रहा हूँ, दिन-ब-दिन। मेरी कमियों को दरगुज़र करना मेरे आसपास वालों। उसे स्वीकार करना, जो मैं अभी भी बचा हूँ– ज़रा सा कवि, ज़रा सा मनुष्य।

जो सबसे अच्छा है, वह हमारे ही अन्दर है, बाहर नहीं। उस अच्छे को ही बाहर आने दें, तो बाहर जो बुरा है– वह भी अच्छे में बदल जायेगा। अच्छे का अपने ही अन्दर से प्रकट होना एक ईश्वरीय घटना है।

22 दिसम्बर, 2005

अगर अपनी बात दूसरों तक पहुँचाने की मंशा, भाषा का सबसे सीधा इस्तेमाल है; तो भाषा द्वारा अनूठा कुछ रचने का मंसूबा उसका कलात्मक इस्तेमाल है।

24 दिसम्बर, 2005

अलगाव और दूरियाँ जीवन के सहज कवित्व को नष्ट करते हैं। विच्छिन्नताएँ समाज की दुश्मन हैं; विभिन्नताएँ उसका वैशिष्ट्य हैं। दोनों

में वही अन्तर है, जो एक फूल की नुची हुई पंखुड़ियों और एक खिले हुए फूल में है। कविता प्रफुल्लता और उल्लास में जीवन की सार्थकता को देखती है। कविता की उदासी इनके अवसान की उदासी है। जैसे एक हँसता हुआ दिन, डूबते समय पृथ्वी से लिपटकर, खून के आँसू रोता है।

25 दिसम्बर, 2005

मेरा टाइपराइटर, मेरे लिये मात्र एक मशीन नहीं है। वह निर्जीव नहीं है। मेरे ही जीवन का विस्तार और मेरे लेखन का मूक साक्षी है : मूक नहीं, मेरे लिखने के साथ उसकी खटपट भी चलती रहती है। यह खटपट अब तक मेरे लेखन की भी एक लय-सी बन गयी है। पचास वर्षों से यह टाइपराइटर मेरे साथ है। अब तक उससे मेरा एक पारिवारिक सम्बन्ध-सा बन चुका है। बचपन में विद्या के प्रति एक संस्कार डाला गया था कि अगर भूल से कभी किसी किताब या क़लम से पाँव छू जायें, तो उससे क्षमा माँगते हुए उसे माथे से लगाना। वैसा ही कुछ अपने टाइपराइटर के प्रति भी अनुभव करता हूँ, जो केवल लिखने में ही नहीं सोचने में भी मेरी मदद करता है।

25 दिसम्बर, 2005

एक कविता की गठन में कसाव है या ढीलापन, यह उसकी देह रचना के सौष्ठव से जुड़ी जाँच-पड़ताल है। उससे बिल्कुल अलग हो सकता है एक कविता के उदात्त आत्मिक वैभव का स्पर्श।

26 दिसम्बर, 2005

इस बात की ओर नये सिरे से ध्यान दिया जाना चाहिए कि

पिछली एक सदी में कविता का चरित्र और स्वरूप जिस तरह आमूल बदल चुका है, उसे देखते हुए कविता पर विचार करने के तरीके अभी भी सदियों पुराने लगते हैं। एक साहित्यिक कृति, खासकर एक काव्य कृति– एक जैविक संरचना की तरह वितरित, संगुम्फित, जटिल और बुनी-उलझी हुई होती है, जिसे हम तार्किक और विश्लेषणात्मक ढंग से पूरी तरह नहीं समझ सकते। हम उसके शरीर की बनावट को थोड़ा बहुत समझ भी लें, तो उसकी आत्मा तक पहुँचने में सर्वथा असफल रह जा सकते हैं।

अतः कविता की यदि चारित्रिक विशेषताओं को ख़ासतौर पर अध्ययन का उद्देश्य बनायें, तो शायद हम उसकी विशेषताओं को बेहतर समझ सकेंगे। इसके लिए मुझे 'आलोचना', 'समालोचना', 'विवेचना', 'विश्लेषण' आदि पदों की अपेक्षा एक काव्य कृति के 'चरित्र' पर ध्यान देना अधिक सार्थक लगता है। यह पद विनम्र है और विज्ञान से लिए गए शब्दों की तरह कविता के विनम्र स्वभाव को आतंकित नहीं करता। कविता के गुण-दोष पर विचार कविता के शव-परीक्षण की तरह नहीं लगना चाहिए बल्कि एक जीते-जागते मिलनसार व्यक्ति के साथ उसका परिचय एक आत्मीय की तरह होना चाहिए। धीरे-धीरे विकसित बहुत कुछ कायिक से आत्मिक तक पहुँचने की कोशिश। अन्यथा कविता या कवित्व उसकी काया के अध्ययन तक सीमित रह जाएगा।

26 दिसम्बर, 2005

अपमानित होकर जीने से बेहतर है, एक वंचित जीवन जीना।

11 जनवरी, 2006

अपने बचपन के अनुभवों में हम मनुष्य की बुनियादी प्रवृत्तियों

की ज्यादा सही पहचान कर सकते हैं। आपसी और गैरों के प्रति अपने आचरण और व्यवहार में भी, तथा दूसरों का अपने प्रति किये गये व्यवहार में भी। इस बात का बड़े बूढ़े कभी भी ठीक-ठीक अन्दाजा नहीं लगा पाते कि वे बच्चों की निगाहों में क्या-क्या हैं और क्या दिख रहे हैं। बच्चे भोले होते हैं– इस बात को बड़े-बूढ़े कुछ ज्यादा ही भोलेपन से स्वीकारते हैं। बड़ों के दुहरे व्यवहार में छिपे आडम्बर को बच्चों की निश्छल आँखें कभी-कभी परेशान कर देने वाली सादगी से बेनकाब कर देती हैं। किसी को पसन्द या नापसन्द करने के पीछे भी तर्क नहीं वरन बच्चों की अपनी एक पराबुद्धि काम करती है।

11 जनवरी, 2006

बड़ों की हरकतें बच्चों के लिये ख़ासी दिलचस्प और मनोरंजक सामग्री प्रस्तुत कर सकती हैं– मैंने सावधान होते हुए सोचा, वह बच्चा मुझे इतनी देर से घूर-घूरकर क्यों देख रहा है? उसकी निगाहों से मैंने अपना एक सर्वेक्षण शुरू किया। उसकी जगह अगर मैं होता, तो मुझे अपने में ऐसा क्या-क्या दिखायी देता जो दिलचस्प होता? यह जानने के लिए शायद मुझे एक आदमकद आइने के सामने खड़े होकर अपना बारीक अध्ययन करना चाहिए था। मैंने ऐसा नहीं किया। बल्कि उस बच्चे से पूछा तुम्हारा नाम क्या है?' ज़ाहिर है कि इस निहायत घिसे-पिटे सवाल पर बिना ज्यादा ध्यान दिये उसने बेमन से कहा– 'अतुल'। अन्दर ही अन्दर शायद वह इसी तरह के सवालों के लिए तैयार था और शायद खीझ भी रहा था कि अब मैं उससे यह पूछूँगा– कहाँ पढ़ते हो, क्या पढ़ते हो, क्या पसन्द है वगैरह?

'पतंग उड़ाते हो?' मैंने पूछा तो उसकी आँखें चहक उठीं। 'हाँ' उसने कहा, 'छत से उड़ाना अच्छा लगता है। पर, माँ वहाँ जाने नहीं देती। डरती है कि छत से नीचे गिर सकता हूँ। मैदानों से पतंग की डोर पेड़ों

में उलझ जाती है कभी-कभी। छत पर तेज़ हवा और खुला आसमान मिलता है....' एक बच्चे की निगाह से मैं उसकी एक भोली-भाली कविता को पढ़ रहा था।

12 जनवरी, 2006

मन में जीवन मात्र के प्रति गहरा सम्मान होना चाहिए। वह जीवन चाहे अपना हो या दूसरों का, उसके प्रति बेरहम होना पहला पाप है। आज हम जीवित और सुरक्षित हैं, तो उसके लिए दूसरों के प्रति कृतज्ञ होना चाहिए क्योंकि वे हमारे जीने में सहायक हैं। जीवनमात्र के प्रति आदर एक सुसंस्कृत व्यक्ति होने का सबसे बड़ा प्रमाण है। सारी नैतिकता इसी मनुष्य भाव से निकलती है। जीवन के प्रति किसी भी रूप में हिंसा सबसे पहले अपना अपमान है– इस सच्चाई का अपमान है कि जिसे या जिन्हें हम मार रहे हैं, या जिनसे हम उनके जीवन-साधन छीन रहे हैं, वे भी हमारी ही तरह सम्मान से जीवित रहने के अधिकारी हैं।

19 जनवरी, 2006

बुद्धि मारी जा चुकी थी। मुझे अब जीवित रहने के लिए केवल सिर को बचाने की चिन्ता थी। सवाल अब बुद्धि को बचाने का नहीं था, ज़िन्दा रहने के लिए किसी तरह सिर्फ खोपड़ी को बचाने का था, जिसमें रोज़ बेदर्दी से कीलें ठोंकी जा रही थीं। खोपड़ी उस ऐतिहासिक गुम्बद की तरह अभी भी बरकरार थी, जो अन्दर से ख़ाली और बाहर से एक खामख़्याली की तरह मानो आसमान से कोई अन्तिम उम्मीद लगाए सहमी हुई मुद्रा में खड़ी थी। जो लोग नाच-नाच कर खोपड़ी में कीलें ठोंकने का उत्सव मना रहे थे, मैंने उनसे पूछा ऐसा वे क्यों कर रहे थे? "हमें बुद्धि-तत्त्व में नहीं इस गुम्बदनुमा खोपड़ी के पुरा-तत्त्व में दिलचस्पी

है। यह पुराना गुम्बद जहाँ है, वहीं क्यों है। यह गुम्बद वहाँ क्यों नहीं है, जहाँ मस्जिदों-गुम्बदों की बस्ती है? यह गुम्बद वहाँ क्यों है, जहाँ मन्दिरों की बस्ती है? सबसे बड़ा सवाल तो यह है कि वह एक ऐसे वक्त में क्यों है, जब उसकी जरूरत खत्म हो चुकी है? इसी गुम्बद में छिपा कहीं ऐसा सुराग है, जिस पर कील ठोंकते ही इस पूरे मस्तिष्क का तम्बू एकबारगी ढह जायेगा। हम उसी नाजुक बिन्दु को खोज रहे हैं!" एक दिन उन्हें वह नाजुक बिन्दु मिल भी गया। उनका अनुमान ठीक था। कील ठोंकते ही पूरा गुम्बद हताशा की एक लहर की तरह लम्बी आह भरकर ढह गया। उसमें दम ही कितना था। एक खोया हुआ इतिहास भर ही तो था वह। लोगों ने विजेताओं की तरह अपने चारों ओर सगर्व देखा। दूर-दूर तक सपाट छतों का बीहड़ था। वह कपाल नष्ट हो चुका था। .... जिसकी सूझबूझ से यह जीत उनके हाथ लगी, उसकी जय जयकार से वातावरण गूँज उठा।

19 जनवरी, 2006

दुनिया को ज़ो मुझसे चाहिए, वह मैं अब उसे दे नहीं सकता। मुझे दुनिया से जो चाहिए, उसे अब पा नहीं सकता। हमारे बीच यह अन्तिम समझौता लिखा जा चुका है। बस, अब केवल मेरे हस्ताक्षर भर की देर है।

साक्षी आ चुके हैं...

23 जनवरी, 2006

किसी भी समाज की सांस्कृतिक सतर्कता का एक प्रमुख लक्षण यह भी है कि वह अपनी साहित्यिक धरोहर का आकलन और व्याख्या पर बदलते सन्दर्भों में पुनर्विचार करता रहे। क्या आज प्रासंगिक है, क्या

नहीं– इसकी कसौटी हमेशा एक-सी नहीं रहती। क्लैसिक्स के स्थायित्व के प्रश्न को आज उसकी प्रासंगिकता के सवाल से थोड़ा अलग रखकर सोचना भी जरूरी है। क्लैसिक्स स्थायी जमापूँजी की तरह है। आज के सन्दर्भों में उसका कौन-सा हिस्सा हमारे लिए ज़्यादा उपयोगी या ख़ास माने रखता है, यह स्थायित्व से अलग अध्ययन का विषय है।

जब हम पाश्चात्य काव्यशास्त्र के निकट सम्पर्क में आये, तो काफ़ी समय तक संस्कृत काव्यशास्त्र के सिद्धान्त पृष्ठभूमि में चले गये। ग्रीक, लातिन और यूरोपीय काव्यशास्त्र पर ही हमारा आधुनिक समीक्षा-बोध बना। कुछ समय के लिए– और बहुत कुछ आज तक हमारा अपनी शास्त्रीय साहित्य-परम्परा से नाता टूटा सा रहा; हम न केवल उसके प्राचीन वैचारिक वैभव से अनभिज्ञ-से रहे, बल्कि आज के सन्दर्भ में उसकी प्रासंगिकता पर भी सोच-विचार स्थगित रहा। पिछले कुछ दशकों में संस्कृत काव्यशास्त्र की अत्यन्त समृद्ध धरोहर की ओर ध्यान गया है। लेकिन पाश्चात्य, बल्कि वैश्विक साहित्य-चिन्तन के साथ अभी उसे पूरी तरह संवाद में नहीं लाया गया है। उसके अध्ययन को एक भिन्न या अलग विषय की तरह अलग ही रखा गया है।

जनवरी, 2006

जो हम शौक़ से करना चाहते हैं उसके लिए रास्ते निकाल लेते हैं। जो नहीं करना चाहते उसके लिए बहाने निकाल लेते हैं।

15 फरवरी, 2006

"हिन्दू" का अर्थ किसी भी राजनीतिक दल के सीमित एजेंडा से कहीं ज़्यादा बड़ा है। छोटी समझ अपनी सुविधानुसार उसके अर्थ को छोटा करके समझती है। राजनीति सीमित उद्‌देश्य को लेकर

चलती है, और अपनी तरह हिन्दुत्व के अर्थ को छोटा करती है– कभी-कभी इतना छोटा जैसे बाबरी मस्जिद का विध्वंस। "हिन्दुत्व" एक फ़ौजी क़िस्म की ताक़त नहीं है। न ही उसे एक फ़ौज की तरह संगठित ही किया जा सकता है। वह मूलतः एक जीवनदर्शन है, मारकाट का छोटा या बड़ा जत्था या दस्ता नहीं। उसकी बुनियादी मानसिकता लड़ाकू नहीं, सहिष्णु है। अहिंसक है। उसकी अनेक कुरीतियों में हिंसा है, अन्धविश्वास है, अज्ञान है, लेकिन तत्व उसके मूल न्यायिक और मीमांसक हैं गहन दार्शनिक चिंतन से निकले हुए जीवनपरक मूल्य। सारी विकृतियों के बावजूद उसके संस्कारों को हम भारतीय जनमानस में पहचान सकते हैं।

गांधी ने इसी जनमानस को पहचाना, और उसे अपनी राजनीतिक संस्कृति का हिस्सा बनाया। उन्हें अपने अहिंसक असहयोग आंदोलन में पूरी जनशक्ति को शामिल करना था। और वे अच्छी तरह जानते थे कि पूरी जनशक्ति हिंसक नहीं हो सकती। अतः इस अहिंसक शक्ति को उन्होंने नयी तरह परिभाषित किया– एक नैतिक और आत्मिक शक्ति के रूप में उसमें नयी जान डाली। न केवल हिन्दुत्व बल्कि "लड़ाई" के अर्थ को भी बदल दिया– एक अहिंसक क्रान्ति में। वे राजनीति में उसके सब से महत् अर्थ को लाये, किसी अधम अर्थ में उसका अवमूल्यन नहीं होने दिया। उनकी हत्या उनके सिद्धांतों की हार नहीं है : एक हत्यारे की मूर्खता का उदाहरण है।

19 फरवरी, 2006

दुनिया में ऐसा कोई तर्क नहीं है, जो बहुमत के अतर्क या कुतर्क से जीत जाय। 'सब'–यानी बहुमत– जो करते या कहते हैं वही ठीक है, इस दावे के सामने जो सचमुच ठीक है कभी टिक ही नहीं पाया। इसलिए वही करो, जो सब कर रहे। सही ग़लत के चक्कर में पड़े तो मारे जाओगे!

'मारा जाना' भी एक ऐसा हादसा है, जिसके पीछे कोई तर्क नहीं, केवल 'सब' है।

19 फरवरी, 2006

कभी-कभी ऐसा लगता कि मनुष्य-जाति स्वभाव से ही एक दूसरे के साथ मिलकर रहने के लिए नहीं बनी है। आदमी के मनोविज्ञान में कहीं एक ऐसा ज्वलनशील रसायन घुला है, जो ज़रा सी रगड़ पाते ही भभक उठता है और उसकी दुनिया को राख कर देता। ऐसा क्यों होता है?

19 फरवरी, 2006

समकालीन समस्याओं से वाबस्ता साहित्य का एक विशिष्ट और जरूरी वर्ग बनता है। लेकिन ऐसा साहित्य जो तात्कालिक मुद्दों की गहमागहमी से थोड़ा हटकर जीवन के उन पक्षों पर चिन्तन का साहित्य है, जिनका सन्दर्भ तात्कालिकता से भिन्न सन्दर्भों का साहित्य है– क्या उसका भी कोई जायज़ वर्ग बनता है? वह समय दूर नहीं जब 'सामाजिकता' और 'आधुनिकता' के दबावों के आगे अन्य सभी सरोकार बिल्कुल ही नाज़ायज नहीं, तो भी हाशिए की चीज़ें माने जाएँगे। आज प्रकृति का दोहन, प्रदूषण, उपभोक्तावाद, भूमण्डलीकरण, बाज़ारवाद, मीडिया आदि सर्वाधिक प्रासंगिक होने के दावेदार हैं। इनके शोर में साहित्य की वह दूसरी आवाज़ सुनायी नहीं देती, या ग़ैरजरूरी लगती है, जिसका ताल्लुक मनुष्य के सही, संवेदनशील अर्थों में मनुष्य होने से है– ऐसे स्थायी जीवनमूल्य जो कभी पुराने नहीं पड़ते, इसीलिए नये या समकालीन की अपेक्षा कभी सतह पर उद्वेलित नहीं दिखायी देते। यहाँ तक कि हम उन्हें यथार्थ मानने तक से कतराते हैं। मान लेते हैं कि वे अमूर्तन हैं, या इतने सूक्ष्म हैं कि आज के ठोस, व्यावसायिक जीवन, में उनकी अनुपस्थिति कोई

घाटे या घात की बात नहीं है। बेईमानी और भ्रष्टाचार को भी हम नितान्त व्यावहारिक तरीकों से कुछ इस तरह समझते-समझाते हैं, मानो उसके लिए भी बाहरी परिस्थितियाँ ही जिम्मेदार हों; वह व्यक्ति नहीं, जो भ्रष्ट और बेईमान होने के लिए अपने को मजबूर मान लेता है।

वह 'मजबूर' है, मक्कार नहीं – यह अपने आप में एक मक्कार तर्क है, और कहीं-न-कहीं उन सच्चाइयों को अपमानित करता है, जो मनुष्य के चरित्र, आत्मबल और आत्मसम्मान की नैतिक नींव बनाती है। वह साहित्य जो इन क्षेत्रों की आवाज़ है, अगर महत्त्व नहीं पाता तो इसका अर्थ है कि हमारा उग्र समकालीनताबोध भी जाने-अनजाने उस अपवित्र पाखण्ड का तरफ़दार है, जो इस तर्क को स्वीकार करता है कि नैतिकता, अनैतिकता का सवाल आत्मिक नहीं नितान्त मौकापरस्त है, व्यावहारिक है।

20 फरवरी, 2006

एक तानाशाह भयानक रूप से आत्मविश्वासी होता है। अपनी राय को सब से ऊपर रखने वाला जिद्दी व्यक्ति। एक विचारशील व्यक्ति सन्देही होता है। सन्देही व्यक्ति अत्याचारी नहीं होता। एकतरफा सोच में उन्मादी ताकत होती है। बहुतरफ़ा सोच द्विविधात्मक एवं धैर्यवादी होता है। तानाशाह सिर्फ़ अपनी कहता है। विचारशील व्यक्ति सब की सुनता है। वह एक न्यायाधीश के धीरज से काम करता है। एक तानाशाह में अपराधी की जोशीली मानसिकता की बेसब्री होती है।

'आत्मविश्वास' सन्देहों से परे नहीं है। एक विचारवान के लिए सन्देही होना भी सन्देहों से परे नहीं है। यह एक ऐसी उदारता की संस्कृति है, जो विविधताओं और विभिन्नताओं से घबराती नहीं, उनसे अपने को सम्पन्न करती है, उन्हें जीवन का प्राकृतिक वैभव समझती है।

फरवरी, 2006

एक वृक्ष का मतलब सिर्फ़ काठ नहीं– फूल, फल और पत्ते भी है। इसी तरह 'सामाजिक चेतना' की सब से मानवीय अभिव्यक्ति उसकी कलायें है। उनकी जगह तिजारत और उपभोग-सामग्री नहीं ले सकती। भाषा में यदि कवित्व नहीं तो हमारे आपसी संबंधों का सबसे कोमल और संवेदनशील हिस्सा मुरझा जाएगा।

12 मार्च, 2006

"ईस्ट इण्डिया कम्पनी" शुरू-शुरू में एक व्यावसायिक संस्था थी। भारत में तिजारत करने के लिए इंगलैण्ड में बनी थी। बाद में उसका विस्तार हुआ, और भारत में तिजारत करने के बजाय भारत पर राज करने लगी! उसके छोटे बड़े अफ़सर "कम्पनी बहादुर" कहलाने लगे। वक्त बदला। ईस्ट इण्डिया कम्पनी तो इतिहास में चली गई, पर उसके "कम्पनी बहादुर" इतिहास से निकल कर वर्तमान में चले आए। बड़ी-बड़ी राष्ट्रीय और अन्तर्राष्ट्रीय कम्पनियों को चलाने लगे। आजकल दुनिया पर इन्हीं का राज है।

14 मार्च, 2006

कविता में उस 'सघनता' के पक्ष में हूँ और आयतन और भार की अपेक्षा उस घनत्व को अधिक महत्त्व देता हूँ जो दोनों के सन्तुलित अनुपात से बनता है। जरूरत से ज़्यादा शब्द हों, तो कविता गरिष्ठ हो जाती है, कम हों तो दुरूह। इस माने में श्लोकों, दोहों और ग़ज़लों की बनावट से बहुत कुछ सीखा जा सकता है। शब्दों का अपना आकर्षण और चमक-दमक एक हद तक ही कविता के लिये उपयोगी है। यही बात छन्दों और अन्य अलंकरणों के लिए भी कही जा सकती है। उनकी अति का मतलब है– अर्थ कम, आडम्बर ज़्यादा। इसीलिए कविता के तात्पर्य को विचारों की गरिमा और संयम से भी जुड़ना चाहिए। तभी वह एक

क्लैसिक की कोटि की रचना बन सकेगी।

14 मार्च, 2006

उच्च कोटि का विचार अपने आप में एक काव्य भी होता है। संस्कृत के अनेक श्लोकों और सुभाषितों का कवित्व, अनुभव-ज्ञान और विचारों की शुद्धता पर निर्भर करता है, भाषाई अलंकरणों पर नहीं। यह कवित्व मर्मस्पर्शी होता है। पाठक तक इसका निनाद कभी-कभी भाषा का उल्लंघन करके सीधे शब्दों द्वारा पहुँचता है। अर्थ-सौन्दर्य की इन भीतरी तहों तक पहुँचने की कोशिश में मैंने अकसर बहुत ही सामान्य और उपयोगितापरक शब्दों को बड़े काम का पाया है। कविता के राजसी ठाठ-बाट से हटकर शब्दों के जनपद में एक बृहत्तर मानवता का संस्पर्श महसूस किया जा सकता है। इसीलिए जाने-अनजाने मैं शब्द-कठिन कविता की अपेक्षा अर्थ-सघन कविता की ओर अधिक खिंचता रहा हूँ।

"A book must be the axe for the frozen sea within us."

— Franz kafka

28 मार्च, 2006

मेरा बचपन अयोध्या और फ़ैज़ाबाद में बीता– बन्दरों और गाँव कस्बों के लोगों के बीच। दस-बारह साल से दिल्ली में हूँ। न जाने क्यों आजकल अयोध्या के बंदर बहुत याद आते हैं। हर वक्त सतर्क रहने की बीमारी-सी हो गयी है। नहीं, मेरी नज़र में आदमी की हैसियत घटी नहीं; वहाँ के लोगों की हैसियत कुछ ज्यादा ऊँची हो गयी है। उनका भविष्य ज्यादा उज्ज्वल लगता है, जिनके सामने विकास की सम्भावनाएँ हैं, बनिस्बत उन लोगों के जो दिल्ली जैसे शहरों की 'विकसित' ज़िन्दगी जी रहे हैं, जहाँ बिना ख़रीदे कुछ नहीं मिलता– साफ पानी और हवा तक

नहीं; और आदमीयत तो सबसे महँगी हो गयी है!

31 मार्च, 2006

एक बड़ा लेखक अपने समय के साहित्य को उन प्रभावों द्वारा भी प्रभावित करता है जिनसे उसका अपना चिंतन कभी प्रेरित रहा है। शायद टी.एस.एलिअट के विश्वव्यापी प्रभाव को कुछ इस तरह भी समझा जा सकता है कि उसने हर देश की कविता को अपनी-अपनी परंपराओं और इतिहास की ओर नयी तरह मुख़ातिब किया।

मई, 2006

लखनऊ का पारिवारिक व्यवसाय हम लोग पहले ही छोड़ चुके थे। अपूर्व MBA करके मुम्बई में मल्टी-नैशनल कम्पनी में सीनियर कनसल्टेंट रहा। पर वहां से छः सात वर्ष काम करके ही लौट आया यह कह कर कि मुझे रुपए कमाने की मशीन नहीं बनना है। वह पहले हार्वर्ड और फिर कैम्ब्रिज से M.Phil कर के कुछ समय विदेश में रहते हुए अधिकांश समय दिल्ली में रहने लगा। तब से हम लोग भी लखनऊ के बदले दिल्ली में ही रह रहे हैं। दिल्ली में छोटा घर और बाहरी व्यस्तता के बावजूद लिखने का अधिक समय मिल रहा है।

सितम्बर, 2006

विचार जंगी नहीं, संवादी होते हैं। किसी भी विचार की धारा बनाकर सोचना ग़लत तरीक ा है। विचार नाव की तरह होते हैं जिनकी दिशा को बदला जा सकता है– लेकिन धारा को बदला नहीं जा सकता।

वह एकदिशात्मक होती है। विचार अनुभवों के साथ बदलते हैं। अहिंसा के बीज पर आधारित जीवनदर्शन का स्वरूप बुद्ध से गांधी तक अनेक रूप लेता रहा। जीवन की ही तरह विचारों के विकास के भी अपने तरीके हैं। कोई बड़ा विचार कभी भी बेकार या विलुप्त नहीं हो जाता। सही समय पर वह अपनी उपस्थिति को फिर से महसूस कराता है– अपने को reveal करता है। यह एक तरह का revelation है। मार्कसिज़्म को और गांधी की अहिंसा को, हम इस तरह भी सोच सकते हैं।

17 नवम्बर, 2006

बहस दूसरों से नहीं अपने से करनी चाहिए, उससे सच्चाई हाथ लगती है। दूसरों को सिर्फ़ सुनना चाहिए : दूसरों से बहस से केवल झगड़ा हाथ लगता है।

8 जनवरी, 2007

लखनऊ में मित्रों का एक छोटा वर्ग ही था – पर हमारे बीच पारिवारिक घनिष्ठता थी। रोज ही मिलना होता था और बहुत सहृदयता थी एक दूसरे के बीच। – बाहर से आने वालों का भी काफी समय घर पर साथ बीतता था। दिल्ली आकर मित्रों की बहुत बड़ी दुनिया मिली स्थानीय और विदेशी भी। पर उस तरह का साथ नहीं हो पाता! अधिकतर औपचारिक मुलाकातें ही होती हैं। शायद मैं ही जिम्मेदार होऊँ उसके लिये। – इस माने में अभी भी लखनऊ को बहुत याद करता हूँ।

07 मार्च, 2007

बहुतों को मुझसे शिकायत है कि मैं दूसरों के लिये कुछ नहीं करता। यह शिकायत मुझे अपने से भी है कि मैं अपने लिये भी कुछ नहीं

करता। बस, हर समय अपने में डूबा कविता लिखता रहता हूँ, और इसे ही मैंने अपने और सबके प्रति अपना कर्त्तव्य और उत्तरदायित्व मान लिया है। बहुत से कवि, कविताएँ लिख रहे हैं और अपने तथा दूसरों के लिये बहुत कुछ कर भी रहे हैं। यह उदाहरण मुझे प्रेरित नहीं करता, इसके बावजूद कि वह सराहनीय है।

मुझे अपने बचाव में कुछ नहीं कहना है। दूसरों के लिये कुछ करने के पीछे भी स्वार्थ हो सकता है। बड़े से बड़े परोपकार के पीछे भी यशकामी स्वार्थ। मैं किसी के लिये कुछ नहीं करता, इस धारणा के पीछे कहीं यह ग़लतफहमी भी रहती है, मानो मैं सब कुछ कर सकने में समर्थ हूँ, फिर भी अपना हाथ खींचे रहता हूँ। इस निर्दय निष्कर्ष का शिकार सबसे पहले मेरे जैसे लोगों का होना आसान है, जो दूसरों से एक वांछनीय फासला रखकर अपनी तरह जीना चाहते हैं। मुझे याद है 'अज्ञेय' कुछ ही लोगों के साथ घनिष्ठ हो पाते थे, जिस कारण उन पर आत्मकेन्द्रित होने के आरोप लगते रहे। इसके बावजूद हिन्दी साहित्य को अज्ञेय की देन अप्रतिम है। मेरे और अज्ञेय के बीच निकटता का माध्यम केवल साहित्य था। उन्होंने मुझ पर एक शब्द भी नहीं लिखा, फिर भी मैं उन पर बराबर लिखता रहा, क्योंकि हमारे बीच साहित्य की मर्यादाएँ प्रमुख थीं न कि लोक व्यवहार। कई जगह उनके लेखन को लेकर मैं काफी आलोचनात्मक भी रहा हूँ, फिर भी हमारे बीच कभी कोई कटुता नहीं आई।

9 मार्च, 2007

मुक्तिबोध से मेरा कोई निजी परिचय नहीं था, न मेरी कभी उनसे मुलाकात का कोई अवसर आया। फिर भी पिछली सदी के छठे दशक में मेरे काव्य संग्रह "परिवेश : हम तुम" पर उनकी बेबाक समीक्षा मेरे लिए एक चौंका देने वाला अनुभव था। प्रतिबद्धता को लेकर उनके आग्रह के बावजूद उन्होंने जिस निष्पक्षता से मेरी कविताओं के गुण दोष

को पहचाना था वह अपने आप में बेमिसाल है। यह समीक्षा ''कृति'' पत्रिका के लिए लिखी गई थी, किन्तु, ''कृति'' के बंद हो जाने के कारण वह बाद मे ''माध्यम'' पत्रिका में छपी थी। जैसा मुझे श्रीकांत वर्मा ने बताया था कि इस लेख के शुरू के कुछ पृष्ठ ''कृति'' के कार्यालय मे इधर-उधर हो गये थे। लेख फिर भी जिस रूप में छपा वह मुक्तिबोध की समीक्षा-दृष्टि को पूरी तरह व्यक्त करता है, जो आज भी मेरे लिए महत्त्व रखता है। ये संदर्भ भी उल्लेखनीय है कि ''परिवेश : हम तुम'' मेरा दूसरा ही काव्य संग्रह था जिस पर विचार करते हुए मुक्तिबोध मेरी काव्य-दृष्टि को भविष्य में दूर तक पहचान सके।

10 मार्च, 2007

विचारहीन कविताएँ मस्तिष्क रहित शरीर की तरह होती हैं। एक सुन्दर शरीर अगर दिमाग़ की ओर से कुन्द हो, तो ज्यादा काम का नहीं। कविता सर्वांग सुन्दर न भी हो, तो भी यदि अक्ल, मन मस्तिष्क और वैचारिक सुन्दरता से सम्पन्न है, तो मात्र शारीरिक सुन्दरता से अधिक ग्राह्य है।

मार्च, 2007

'स्वार्थ' और 'स्वाभिमान' को एक कोटि में रखना ग़लत है। मैंने अपनी किसी भी पुस्तक की भूमिका अपने किसी अग्रज से नहीं लिखवाई, जबकि मैं आसानी से ऐसा कर सकता था। भूमिकाएँ या तो स्वयं लिखीं या बिना भूमिका के कृति को छपने दिया। किसी से भूमिका लिखाने में मुझे हमेशा 'आत्मविश्वास' की कमी का एहसास होता रहा। आज भी जब किसी नये कवि या लेखक की ओर से भूमिका लिखने के लिये मेरे पास अनुरोध आता है, तो मैं उसे यही सलाह देता हूँ कि यदि कृति में

दम है, तो उसे किसी सिफारिश की जरूरत नहीं– और अगर वह बेदम है, तो कोई भी सिफारिश उसकी कोई ख़ास मदद नहीं कर पायेगी। साहित्य का रास्ता मुश्किल रास्ता है, उसे हिमायतों से मखमली नहीं बनाया जा सकता। इस सख़्त यथार्थ का सामना करने की हिम्मत और धीरज यदि किसी में नहीं है, तो उसे कोई और कामकाज करना चाहिए, जिसमें तुरन्त लाभ हो सके।

25 मई, 2007

एक विचारक की तरह जीवन को शान्त मन से सोचना पसन्द करता हूँ। स्मृति, तल्लीनता, बेफिक्री, कल्पनाशीलता, तर्कसंगति, तत्त्वबोध, आत्मबोध..... इन्हें परस्पर विरोधी नहीं मनुष्योचित मानता हूँ। इन्हें एक साथ साधा जा सकता है।

हर घड़ी चौकन्ने और सशंकित रहना जासूसी ढंग के चिन्तन का लक्षण है– कान खड़े, आँखें घूरती, नाक सूँघती, हाथ-पाँव फुर्त्त– इनकी भी जरूरत है, लेकिन इनका सन्दर्भ अलग है। छीन-झपट की दुनिया से दूर कहीं अगर एक निर्विघ्न एकान्त तपस्थली की जगह सम्भव है, तो उसे यदि भौतिक नहीं तो कम से कम मानसिक पराभौतिक स्तर पर अवश्य पाना चाहता हूँ। यह पलायन नहीं, एक युक्ति है जीने की– होड़ के घमासान से हटकर एक शान्त छाया में।

30 मई, 2007

सोचने, समझने और अपनी बात निर्भीकता से कह सकने की आज़ादी है, इस आज़ादी पर जब भी कोई बाहरी दबाव पड़ता है, वह साहित्य की भीतरी निजी और सामाजिक ताकत, उपयोगिता को कमज़ोर व दूषित करता है। साहित्य किसी भी तरह की गुलामी नहीं है, न वह

किसी भी तरह की गुलामी को सहन कर पाता है, न ही समर्थक हो सकता है। ऐसी स्थितियों में वह या तो चुप हो जाता है, या अज्ञातवास में चला जाता है। इसीलिए एक लेखकीय जीवन सारे सन्दर्भों से जुड़ा होते हुए भी अकेला है। वह अकेलापन ही उसे विशिष्ट भी बनाता है। यही उसकी शक्ति भी है और स्व-रक्षा का कवच भी।

साहित्य की इस आज़ादी को बिल्कुल व्यावहारिक और भौतिक, सांसारिक ढंग से समझना और परिभाषित करना, जितना आसान है, उसके आत्मिक, पराभौतिक और रचनात्मक सन्दर्भों को समझ पाना उतना ही मुश्किल— कुछ-कुछ वैसे ही-जैसे, सापेक्षतावाद में तीन ठोस आयामों के साथ चौथे 'समय' के अ-ठोस आयाम के अमूर्तन और पारदर्शिता को ठोस के साथ रखकर बूझ पाना।

थोड़ी देर के लिये मान लें कि साहित्य के अगर सामाजिक-राजनैतिक-आर्थिक के तीन ठोस आयाम प्रत्यक्ष हैं, तो उसका चौथा आत्मिक आयाम, समय की तरह बिल्कुल अ-ठोस और अमूर्त है। उसे भौतिक शब्दावली में ठीक-ठीक परिभाषित कर पाना लगभग असम्भव है। फिर भी, बिना इस चौथे आत्मिक आयाम को आत्मसात् किये हम साहित्य की 'कालजयी' अवधारणा को बिल्कुल उथले और सपाट ढंग से ही समझ पायेंगे। साहित्य के भौतिक यथार्थ को उसकी आत्मिक ऊर्जा ही जीवन शक्ति देती है।

ध्यान जाता है कि जेनेवा स्कूल ने इस चेतन आत्मिक तत्त्व को प्राथमिक महत्त्व दिया था। उसकी एक प्रमुख प्रवक्ता जे. एच. मिलर के अनुसार *'साहित्य एक प्रकार की विशिष्ट चेतना है'*। मूल में जर्मन विचारक हसर्ल का चिन्तन था, जो उस चेतना को अतिरिक्त महत्त्व देता था, जो यथार्थ को धारण करती है।

मई, 2007

नैतिकता की बात सब से पहले तर्क का नहीं आत्मविश्वास का मामला है। उसके आग्रह को निर्भीकता से इस तरह "दुहराते" रहना ज़रूरी है कि वह अ-नैतिकता के मनोबल को तोड़ दे। यह मुश्किल नहीं। "दुहराव" में शक्ति होती है जिसे साहस की तरह बटोर कर केन्द्रीयता और तीव्रता दी जा सकती है। उसके लिए नैतिकता में अडिग विश्वास– और गहरा आत्मविश्वास चाहिए, तर्क की ढुलमुल-यक़ीनी नहीं।

"दुहराव" का दुरुपयोग भी (किसी भी शक्ति की तरह) संभव है। नाज़ी नीति थी कि यदि एक झूठ को बारबार दुहराते रहा जाए तो वह सच हो जाता है– या सच-जैसा ही प्रतीत होने लगता है। यातना-शिविरों में क़ैदी से 'झूठ' को भी 'सच' की तरह कुबूल करवा लेने में एक ही प्रश्न को बार-बार, या एक ही आरोप को घुमाफिरा कर, इस तरह दुहराते रहा जाता था कि धीरे-धीरे क़ैदी का मनोबल ध्वस्त हो जाता था और वह उसे भी अपना अपराध मान लेता था जो उसने नहीं किया।

फिर, अगर सच को दुहराते रहा जाए तो क्या वह और पक्का नहीं हो सकता? गांधी का सत्याग्रह (सत्य पर आग्रह) एक विश्वास भी था, और कामयाबी की एक तरकीब भी।

1 जून, 2007

अकसर एक समय की प्रमुख विचारधारा के दबाव में हाशिए पर हो रहा महत्त्वपूर्ण चिन्तन भी दब जाता है। नाज़ीवाद के बवण्डर में जर्मनी में हो रहा साहित्यिक और दार्शनिक चिन्तन लगभग डूब गया।

मार्क्सवाद के इर्द-गिर्द भी उस समय फ़्रांकफुर्त्त स्कूल के विचारक गहराई से सोच रहे थे, जब रूस का ज़्हादनोववाद (स्तालिनवाद) योरप ही नहीं दुनिया पर छाया हुआ था। साहित्य के लिये अकसर मुख्यधारा से

हाशिए का चिन्तन अधिक काम का तत्त्वदर्शी रहा है। मेरे लिये यह हाशिया कबीर का 'रामझरोखा' है, जहाँ से साहित्य दुनिया को 'देखता' है। यह 'झरोखा' यथार्थ से पलायन नहीं है, यथार्थ की दबोच और चपेट से अपने को बचाकर यथार्थ अवलोकन की एक युक्ति है। नृशंस समयों में दुनिया के अनेक महान् विचारकों और कलाकारों ने इसी तरह श्रेष्ठतम् की रक्षा की। आततायियों से लड़कर नहीं, उनसे यथा-सम्भव बचकर। उनके सामने यौद्धिक पराक्रम से ज़्यादा बड़े ध्येय थे। लड़ मरने को उन्होंने लेखक, विचारक, कलाकार का परम धर्म नहीं माना– जीवन के विवेक पक्ष की रक्षा को ज़्यादा ज़रूरी समझा। विदुर नीति में एक जगह विदुर कहते हैं– *'ईश्वर जब किसी की सहायता करना चाहता है, तो लाठी लेकर नहीं दौड़ता, केवल उस व्यक्ति के मन में थोड़ी-सी सद्बुद्धि डाल देता है।'* साहित्य का काम भी कुछ-कुछ वैसा ही सा है। हमारे दिमाग़ों में सद्बुद्धि डालते रहना। कुशल लठैती में कलम का लट्ठ ज़्यादा काम का नहीं। ब्रेख़्त के नाटक *'गैलीलिओ'* में जब गैलीलिओ धर्माधिकारियों की अदालत में अपने वैज्ञानिक सिद्धान्त को वापस लेता है, तब भीड़ में से एक लड़की हिकारत से फ़ब्ती कसती है– *'लानत है ऐसे देश पर जिसमें शहीद न हों'*। गैलीलिओ उलटकर ज़वाब देता है– *'लानत है ऐसे देश पर, जिसे शहीदों की जरूरत हो।'*

1 जून, 2007

बुरे समय के बारे में कविता अकसर बुरे समय के बीतने के बाद रोशनी में आती है। द्वितीय महायुद्ध के दौरान ऐसे तमाम कवि और लेखक छिपे रहे, या प्रवास में रहे, जिनका लेखन बाद में प्रकाश में आया। युद्ध के कुछ ही वर्षों बाद मुझे पोलैण्ड जाने का मौका मिला था 1955 में। तब तक वहाँ के लोग ऐसे एक भी पोलिश कवि को नहीं जानते थे, जो आज पोलिश साहित्य में नोबेल पुरस्कार के स्तर का महत्त्व रखते हैं।

वे सब 'देखते हुए' भी चुप थे, लेकिन उनका 'देखना' उनका साक्ष्य– आज सारी मानवता के लिये आत्यन्तिक महत्त्व रखता है। यह चुप्पी भी दूरदर्शी और मानीखेज़ थी, भले ही सनसनीखेज़ न रही हो। खुले प्रतिरोध में यदि ये प्रतिभाएँ अपने को नष्ट हो जाने देतीं तो संसार उस बहुत मूल्यवान मानव चेष्टा से वंचित रह जाता, जो युद्ध के बर्बर इतिहास से कहीं बड़ी है। इसी अर्थ में साहित्य का आयाम तात्कालिक और उठापटक से कहीं ज्यादा बड़ा और गम्भीर है।

14 अगस्त, 2007

'मैं जीवित हूँ– प्रबल और समर्थ।' इस घमण्ड के पीछे एलियास कनेटी एक आतताई के मनोविज्ञान को भी देखते हैं कि वे जो अबल और असहाय हैं उनके जीवन की अपेक्षा कम मूल्यवान हैं। Survivor's pride को कनेटी निर्दयता में आसानी से बदल जाने वाला दम्भ मानते हैं, क्योंकि उसकी जड़ों में अविनम्रता का उद्रेक है। जन्मदिन मनाना कहीं मुझे इसी Survivor's pride का विजयोल्लास प्रतीत होता है। वह मुझे उत्साहित नहीं करता। चुपचाप किसी तरह अस्सी का हो जाने के लिये निमंत्रित करता है। गम्भीर और अकेले होकर सोचना चाहता हूँ। सब के साथ मिलकर हुल्लड़ बचपना लगता है। शायद ऐसा न हो। हो सकता है मैं 'उत्सव' के मतलब को ग़लत मोड़ दे रहा हूँ? जैसे, हो सकता है, कनेटी ने Survival को pride से जोड़कर ज़रा ग़लत मतलब निकाला हो। फिर भी, बेहतर होगा कि मैं अस्सी का होने को लेकर विनम्र और कृतज्ञ रहूँ– बहुत उत्सवी नहीं।

15 अगस्त, 2007

ऐसा कुछ नहीं जो विवादास्पद न हो। यह कथन भी निर्विवाद नहीं है।

31 अगस्त, 2007

मैं इतिहास के माध्यम से अपने समय को सोचता हूँ। हमारे समय में हमारा इतिहास भी शामिल है। छोटे बड़े युद्धो की पुनरावृत्तियाँ इसका सबसे बड़ा प्रमाण हैं। युद्धों को पीछे छोड़कर हम आगे नहीं बढ़ रहे। बार-बार युद्धों की ओर लौटना, एक असभ्य अतीत की ओर लौटना है।

14 सितम्बर, 2007

जीवन में कुछ निर्णायक प्रभाव अकसर घटना-प्रधान नहीं होते, स्मृति प्रधान होते हैं। स्थानान्तरण से इनका गहरा सम्बन्ध होता है। अयोध्या-फ़ैज़ाबाद छोड़कर लखनऊ आया तो बचपन की स्मृतियाँ अधिक सजीव हो उठीं। लखनऊ की ज़िन्दगी के यथार्थ की स्मृतियाँ अभी बन रही थीं, जो आज ज़्यादा जिन्दा लगती हैं। अयोध्या-फ़ैज़ाबाद के शुरुआती जीवन में भागीदारी के उस अंश को भी महत्त्व देता हूँ, जिसे कुछ जिया कुछ सुना के धुँधलके में देखता हूँ। बचपन की यादों के साथ ऐसा ही-सब होता है– दूसरों से सुना भी, उनके बीच जिये अपने जीवन का अंश हो जाता है।

26 सितम्बर, 2007

कला के सफल व्यापारी, कला के सच्चे अर्थ से उतनी ही दूर हैं जितना कला के अर्थशास्त्र के नज़दीक।

27 सितम्बर, 2007

आध्यात्मिक का अर्थ हर एक को पहले बिल्कुल अकेले, अपने लिए, खोजना और पाना पड़ता है। तभी वह अपने और सब के लिए

अर्थपूर्ण बन पाता है। अध्यात्म शायद एकमात्र ऐसी चेष्टा है, जो 'निजी' से 'सर्व' में विकसित और विस्तृत होती है। इसीलिए किसी भी धार्मिक अनुष्ठान या कर्मकाण्ड द्वारा उसके तत्त्व को नहीं पाया जा सकता। वह गहरे आत्मचिन्तन और आत्ममन्थन द्वारा ही सम्भव है। एक सच्चा आत्मज्ञानी दिखावटी कर्मकाण्डों से दूर भागेगा। एक बुद्ध, ईसा या गाँधी के 'अध्यात्म' को इसी तरह समझा जा सकता है– उसके तत्त्व को आत्मसात् करके।

10 अक्तूबर, 2007

प्रेम अपनी तरह की अलग गहराइयाँ और ऊँचाइयाँ बनाता है। हम कभी उनमें खो जाते हैं, कभी उनमें डूब कर जीते हैं।

13 अक्तूबर, 2007

लड़कर वीरगति पाने या उग्र होकर शहीद हो जाने से, इसे मैं ज्यादा ज़रूरी समझता हूँ कि विनम्र होकर जीवित रहूँ, उन मूल्यों को बचाने के लिये जिनके लिये मैं जीवित रहना चाहता हूँ।

अक्तूबर, 2007

पढ़ने लिखने के शौक़ और घूमने फिरने के शौक़ के बीच निकट यायावरीय समानता है। पुस्तकों में भटकना भी बहुत कुछ विभिन्न 'स्थानों' और 'लोगों' के बीच भटकने की तरह है जिसका अपना रोमांच, कवित्व, यथार्थ, मिथक, इतिहास, भूगोल और समाजशास्त्र है।

अक्तूबर, 2007

मुझे सारा नहीं चाहिए : सारे का सारांश चाहिए। जो कर्त्तव्य है उसे करना चाहता हूँ। अपना अपव्यय नहीं करना चाहता। सोच समझ कर, श्रेष्ठ कुछ के लिए व्यय होना चाहता हूँ। यह सब अब भी चाहता हूँ जब कुछ भी चाहने के लिए बहुत कम समय बचा है। 'कम समय' तब भी था जब सोचा था कि अभी बहुत समय है। अब भी बहुत समय है अगर बहुत को न चाहें।

अक्तूबर, 2007

'पुराने' या 'नये' की लीक पीटने में विश्वास नहीं। जो मूल्यवान है वही प्रासंगिक है। वह नये से पुराने तक फैला बिखरा है। वही वर्तमान है और ऐतिहासिक भी। कूड़ा करकट नहीं बटोरना है– यह समझ नए और पुराने दोनों को लेकर जरूरी है।

अक्तूबर, 2007

अच्छी किताबों की ज़िन्दगी के लिए सब से बड़ा ख़तरा खर पतवार की तरह बढ़ती हुई घटिया पुस्तकों की आबादी।

अक्तूबर, 2007

एक बड़े विचार, या महान् रचना में भी जीवन की ही तरह की प्रखर सम्मोहक-शक्ति और संपन्नता हो सकती है– कभी-कभी जीवन से भी अधिक उत्तेजक। वह हमारे दिल दिमाग़ पर छा जाए– जिन्दगी से भी कहीं बहुत आगे तक....

अक्तूबर, 2007

छोटे-छोटे सुख या दुख झेलने की ताक़त है इस शरीर में। बहुत बड़े दुख की ही तरह बहुत बड़ा सुख भी झेल सकना इसकी सामर्थ्य से बाहर है। उसकी केवल कल्पना ही की जा सकती है। कविता और कलायें उसी कल्पना की भाषायें हैं– शरीर की भाषा भी और शरीर से परे की भाषा भी। यानी वह कह सकने की चेष्टा जो अकथ है...

अक्तूबर, 2007

जब मैं कविता में प्रेम और करुणा की बात करता हूँ तो सर्वाधिक सकारात्मक प्रतिक्रियाएँ मुझे स्त्री-पाठक-वर्ग से मिलती हैं। स्त्रियाँ घर की भाषा बोलती हैं : पुरुष युद्ध-क्षेत्रों और व्यवसाय-क्षेत्रों की भाषा। मानो स्त्रियाँ ही महायुद्धों से पहले और बाद की बुद्धिमत्ता हैं...

03 नवम्बर, 2007

बीते जीवन को सोचते हुए कभी-कभी लगता कि अब तक तो किसी तरह, जैसे-तैसे, 'पास' होता चला आया हूँ। असली 'इम्तेहान' तो अब है, जब मृत्यु नज़दीक खड़ी है और परीक्षक वे हैं, जिन्हें अपने तमाम सवालों का मुझसे केवल एक 'अन्तिम' उत्तर चाहिए।

मेरी व्यग्रता, मेरा अधैर्य, उसी 'अन्तिम' की प्रतीक्षा है।

10 नवम्बर, 2007

जीवन में लय-विलय को संगीत व्याकरण बेहतर व्यंजित करती है। विलम्बित और द्रुत, आरोह और अवरोह, संवादी और प्रतिवादी। समापन, एक चिराग़ की तरह बुझता हुआ। जीवन के सप्तस्वर और श्रुतियाँ...।

13 दिसम्बर, 2007

कविता केवल जीवन को ही नहीं भाषा को भी जीती और सोचती है। एक कवि का भाषा-दर्शन क्या है, यह महत्त्वपूर्ण है। जीवन के प्रामाणिक अनुभवों के अवयव केवल स्थूल तक नहीं, उससे आगे और उससे परे तक के अस्तित्वबोध को समेट सकते हैं– यह केवल एक उद्‌गार नहीं, भाषा की वह बहुआयामी क्षमता है, जो केवल स्थूल और दैनिक लक्षण तक सीमित नहीं, स्थान और समय की सीमाओं को लाँघ जाती है।

भाषा द्वारा निर्मित यह समृद्धतर जीवन-संसार-बोध बार-बार जीवन में लौटता और उसकी सामर्थ्य को उत्प्रेरित करता है। वह जीवन से पलायन (जीवन की उपेक्षा) नहीं, जीवन से ही निकलने वाली शक्तियों का आविष्कारी एहसास है।

"A good poem is a contribution to reality. The world is never the same once a good poem is added to it."

— Dylan Thomas

31 दिसम्बर, 2007

जीवन को कई स्तरों पर जिया जा सकता है। यह मानना कि कोई एक स्तर ही यथार्थ है या ज्यादा यथार्थ है– बाकी सब मिथ्या या हवाई, जीवन के चरित्र को ग़लत या अधूरा समझना है। वह विभिन्न युक्तियों से अपने को दृढ़ रखता है, और यही उसके रचना-पक्ष का राज़ है। इस रचना-पक्ष का अर्थ केवल स्थूल का ईंट-गारा नहीं, उस सम्पूर्ण स्थापना का निर्माण है, जो स्थूल को स्थूल से कहीं बड़ा अर्थ दे सकने में सक्षम है। कलाएँ, हमें जीवन की इस अदम्य ऊर्जा का स्पर्श कराती हैं। वे धरती से उठकर आकाश को छूने का हौसला रखती हैं। कविता की भाषा या विचारों की भाषा भी जीवन से अलग की भाषा नहीं होती– मुख्य बात है, उन्हें

जीवन से जोड़ सकना। यथार्थ बहुआयामी है। हम उससे भी जीने की शक्ति पा सकते हैं, जो स्थूल की तरह दिखायी नहीं देता। जीवन को हम किस तरह की भाषा में सोचते हैं, इसका गुणात्मक असर उस जीवन वस्तु पर भी पड़ता है, जिसे हम जीते हैं।

2 जनवरी, 2008

इस वर्ष 'वाजश्रवा के बहाने' का प्रकाशन मेरे लिए दूसरी बड़ी काव्य घटना है। बेटे अपूर्व और पत्नी भारती के लगातार आग्रहों का विशेष रूप से ऋणी हूँ। न जाने क्यों मेरी कोई भी कृति जब पूरी होने के निकट आती है तब मैं बेहद नर्वस अनुभव करता हूँ। ऐसे वक़्त मैंने भारती के सहयोग को बहुत मूल्यवान पाया है। वह मेरी हिम्मत को टूटने नहीं देती – कुछ इस तरह उसमें अपनी हिम्मत को शामिल कर देती है कि मेरे लिए आगे बढ़ना लाज़िम हो जाता है। यह एक ऐसी 'निर्भरता' है जो मेरी "आत्मनिर्भरता" को पुष्ट करती है। वह जब अपने भयों और अन्देशों को मेरे अन्दर डालती है तब मेरी यह 'आत्मनिर्भरता' कमजोर होती है। हम एक दूसरे में नकारात्मक भावनाओं को न डालें इस बात को लेकर वह मुझसे अधिक सावधान रहती है।

5 अप्रैल, 2008

"विविधता" जीवन का 'रस' है। कलायें इसी विविधता के तात्पर्यों के कलापूर्ण संयोजन द्वारा जीवन को सपाट हो जाने से बचाती हैं। यह कलाओं के ही नहीं, विविधता के अर्थों को भी सही समझना है। वे जो 'विविधता' या "विभिन्नताओं" को समस्यामूलक मानते हैं शायद जीवन को जरूरत से ज़्यादा यांत्रिक ढंग से देखते हैं– एक विश्लेषक की तरह वस्तुनिष्ठ होकर। Aesthetic दृष्टि से नहीं जो विविधता में संगति,

संतुलन और साहचर्य रचती है। यह मान कर चलती है कि जीवन राग, अपनी समग्रता में, विभिन्नताओं से मिलकर बना है, और इसी 'मिलावट' की कला पर निर्भर है हमारी एक दूसरे के प्रति सहिष्णु और उदार भावनायें।

इसी विशिष्ट अर्थ में कलायें, सब से पहले, मानवीय हैं सार्वभौमिक है, सार्वकालिक हैं, उन पर भौतिक वर्गीकरण और सीमाएँ लागू नहीं होते। कलाओं की वैश्विकता को हमें इसी तरह सोचना और समझना होगा– इतिहास में भी, और आज भी।

09 अप्रैल, 2008

मैं कभी हजारों साल पहले, एक गुफ़ा में रहता था। आजकल दिल्ली में रहता हूँ। हज़ारों, लाखों, घर बदल चुका हूँ। कहाँ है वह अन्तिम घर, जिसके बाद कोई दूसरा घर नहीं? यह सवाल बुद्ध ने पूछा था, अपने गृहकार से। गृहकार चुप रहा, तो उत्तर भी बुद्ध ने ही दिया था– निर्वाणः वह तटस्थता, जिसमें न इच्छाएँ हैं न मरण, केवल एक महामुक्ति का अछोर है।

18 अप्रैल, 2008

जन्म और मृत्यु हम पर जबरदस्ती लादी गयी विवशताएँ हैं। हमारे जन्म लेने के पीछे हमारी अपनी कोई इच्छा नहीं होती– न हमारी मृत्यु ही के पीछे। इन्हें हम आजीवन ढोने के लिये मजबूर हैं– यही शायद जीवन की सबसे बड़ी त्रासदी है। इन्हें एक सौभाग्य में बदल सकना ही मनुष्य का सबसे बड़ा पुरुषार्थ है। जीवन का बार-बार पुनराविष्कार उसकी सामर्थ्य और सम्भावनाओं में विश्वास की शौर्यगाथा है। ऐसा कोई

नहीं, जो किसी-न-किसी रोग और दोष को लेकर पैदा न होता हो। इसके बावजूद, जीवन को सुन्दर और श्रेष्ठ कुछ दे जाने वाले लोग महान हैं। उनके उदाहरण ही हमारी सबसे मूल्यवान धरोहरें हैं। ऐसा कोई नहीं जिसमें गुण और दोष दोनों ही न हों, पर जिन्हें हम केवल उनके गुणों के लिये ही याद करते है, वे ही सच्चे अर्थों में जीवन के व्याख्याकार हैं। सच्चा कलाकार वह हैं जो सामान्य जीवन-वस्तु को भी एक महान कला-वस्तु में बदल दे। कंटीली झाड़ियों के जंगल में भी खिलने की जगह बना लेते हैं फूल... चमकने की जगह बना लेते हैं रंग और फैलने की सुगन्ध... यह केवल भावुकता का उच्छ्वास नहीं, एक अदम्य जिजीविषा का अकाट्य अपराजेय दृढ़ संकल्प है।

21 अप्रैल, 2008

सोचता हूँ, जितना सब मैंने पाया है इस जीवन से क्या उसका एक-हजारवाँ हिस्सा भी उसे लौटा सका हूँ? जब भी मुझसे कुछ माँगा जाता है– या, अगर छीना भी जाता है– तो इस खुशी से फूल उठता हूँ कि मेरे पास अब भी कुछ दे सकने लायक़ बचा है।...

28 अप्रैल, 2008

सही बातें, यानी शाश्वत सत्य, देशकाल से परे होते हैं क्योंकि देश काल ही उनकी सत्यता को सत्यापित और प्रामाणिक सिद्ध करते हैं। वे सार्वकालिक और सार्वभौमिक तभी होते हैं जब देश और काल उन्हें खरा सिद्ध कर चुके होते हैं। हम उन्हें तर्क द्वारा नहीं सिद्ध करते। उन्हें तर्क में, "स्वयंसिद्ध" प्रमाणों की तरह, इस्तेमाल करते हैं। सिद्ध हो चुके "प्रतीकों", "मूल्यों", "संकेतों" आदि की सूचिका की तरह – नये मूल्यों को जांचने परखने के लिए। हम नये की अपेक्षा उन सिद्ध जीवनमूल्यों को खारिज नहीं कर सकते : उस "सिद्ध" की अपेक्षा नये-नये की जांच पड़ताल करते हैं।

स्पष्ट करना चाहूंगा कि मेरा अभिप्राय यहां पुरानी या प्राचीन परिपाटी, रीति-रिवाज़ वगैरह से नहीं है बल्कि उनकी अपेक्षा, उनकी रगड़-झगड़ से बच कर निकले हुए स्वस्थ और शाश्वत जीवनमूल्यों से है। नये पुराने के झगड़ों से नहीं उनकी जीवनी शक्ति से है।

5 मई, 2008

सुकरात के शिष्य एक बार एक ऐसे व्यक्ति को उसके सामने ले गए जिसने सुकरात को पहले कभी नहीं देखा था। वह व्यक्ति, चेहरा देखकर व्यक्ति का चरित्र पढ़ सकने वाला विशेषज्ञ था। शिष्यों ने उसे बिना यह बताए कि वह सुकरात के सामने है, उससे कहा कि इस व्यक्ति का चरित्र चेहरा देखकर बताइए। उसने सुकरात का चेहरा देखते हुए जब ये कहा कि वह महादुष्ट और कपटी प्रकृति का कोई शख़्स है! तो वे सब ठठा कर हँस पड़े। सुकरात ने उन्हें रोकते हुए कहा – "इनका कहना ठीक है। ये सारे दुर्गुण मुझमें थे। कठोर आत्मनिग्रह और बौद्धिक अनुशासन द्वारा मैंने उन्हें नाकाम किया है...।" हमारे अंदर अगर दुर्बलताएँ हैं तो दैवी शक्तियाँ भी हैं। सुकरात का संकेत उन शक्तियों के विकास की ओर था....

5 मई, 2008

सुकरात सचमुच कैसा था यह मैं ठीक-ठीक नहीं जानता। आज मेरे लिए वही सुकरात वास्तविक है जिसे हज़ारों वर्षों के इतिहास ने मुझे दिया है। मेरी बातचीत इसी सुकरात से होती है, उससे नहीं जिससे अरस्तू और प्लेटो की प्राचीन एथेन्स में होती रही होगी। मुझे अपने समय का यह सुकरात अधिक दिलचस्प लगता है जिसे बनाने में न केवल अरस्तू और प्लेटो बल्कि उनके बाद के तमाम विद्वानों का हाथ रहा है।

मैं इसी तरह बहुत कुछ महावीर, जैन, बुद्ध, ज रथुस्त्र, क्राइस्ट, वाल्मीकि, याज्ञवल्क्य आदि को भी सोचता-विचारता हूँ जिन्हें उनके अपने समय से ज़्यादा उनके बाद के समयों ने रचा और स्थापित किया है।

10 जून, 2008

हमारे रोज के अनुभव की भाषा से कविता की भाषा कहीं ज्यादा बड़ी है। उसमें रोज़ की भाषा, व्यवहार की भाषा, भी शामिल है, लेकिन कविता वहीं तक सीमित नहीं। वह भाषा को इनसे परे भी ले जाने में समर्थ है। शब्दों की पराशक्ति को स्पन्दित करने में भाषा में शब्दों की स्थिति और अन्तस्संबंधों का गहरा और सतही दोनों का महत्त्व होता है। कविता भाषा में एक छोटी जगह बनाकर भी बड़े आशयों की ओर संकेत कर सकती है। छोटी-छोटी बातों के माध्यम से बड़ी बातें कह सकती है।

17 जुलाई, 2008

पढ़ने और जानने के बृहद् अनुभव के साथ-साथ ही एक अतिरिक्त संवेदना– प्रज्ञात्मक संवेदना– भी विकसित होती जाती है। तब हम केवल प्रत्यक्ष-दृष्टि से ही नहीं, उससे कहीं अधिक परोक्ष और बारीक़ दृष्टि से अनुभवों की दुनिया को ''पढ़ना और जानना'' सीख जाते हैं। जो जानने के लायक है वह भाषा से कहीं अधिक भाषा के आरपार लिखा हुआ साफ़ दिखायी देने लगता है। ''पढ़ने'' की क्षमता बढ़ जाती है। पढ़ने की प्रक्रिया ''स्कूली'' और ''नाबालिग़'' ढंग की न होकर, लिखावटों से परे की आत्मचिन्तन की भाषा बन जाती है।

20 अगस्त, 2008

दिल के डॉक्टर पूछते हैं – सोच कर ठीक-ठीक बताओ दर्द किस प्रकार का है? कहाँ होता है? कैसे बताऊँ? जिन्दगी भर तरह-तरह के दर्दों को झेलने के बाद दर्दों में फ़र्क़ करना भूल गया हूँ। सभी दर्द दिल-दर्द या सिरदर्द मालूम होते हैं। सब दर्द गड्ड-मड्ड हो गए हैं। दिलवाला दर्द कैसा होता है, कहाँ होता है – इसे बताना सब से बड़ा सिर दर्द हो गया है!

मुझे एक कीमती मशीन के सुपुर्द कर दिया गया। मशीन ने मुझे जगह-जगह दबोच कर दर्द को उगलवाना चाहा, पर उस दर्द की भाषा को समझ नहीं पाई जिसका ताल्लुक सिर्फ़ एक 'आह' से होता है।

21 अगस्त, 2008

कविता सबसे पहले अगर भावनाओं का मामला है, तो लिखने में यह एहतियात सबसे पहले ज़रूरी है कि उससे बेजा भावनाएँ न भड़कें। अगर अक़्ल का मामला भी है, तो अक्लमन्दी से काम लें। अपने लिखे को खुद सख़्ती से जाँचें-परखें। समीक्षक होना चाहिए। भावुक होकर लिखना, या भावोद्रेक में लिखना, संयत बुद्धि से लिखने से बिल्कुल फ़र्क़ बात है। यह भावनाओं की उपेक्षा नहीं, उन्हें एक कविता में सही जगह, सही तरीक़े से समायोजित कर पाने की प्रौढ़ता है। निरन्तर अभ्यास और संयम से पकती है। परिपक्व होती है। उसके लिये धीरज चाहिए– और वह उदात्त मन जो बिना विचलित हुए जीवन के तमाम उतार-चढ़ाव को झेलता भी है और देखता भी है– एक विचारक की तरह।

आवश्यकता कविता की मार्फ़त श्रेष्ठ और महत्त्वपूर्ण विचारों को जीवन के निकट लाने की है।

07 अक्तूबर, 2008

नोट्स लिखना मेरे लिये चिन्तन मनन का एक तरीक़ा है। एक ऐसा एकान्त जिसमें बैठकर मैं अपने और सबके बारे में अपनी तरह सोचता हूँ : कभी अपने बारे में ज्यादा, तो कभी दूसरों के बारे में ज़्यादा, लेकिन इस सोचने में विभाजन नहीं है, एक समावेशी ढंग है। एकान्त को पसन्द करता हूँ क्योंकि बिना एकान्त के किसी भी प्रकार का गहरा और गहन चिन्तन सम्भव नहीं। यह मेरे लिये एक तरह का योगाभ्यास है। इसमें शीर्षासन प्रमुख है– यानी सिर के बल खड़े होकर उस यथार्थ को 'देखना' जो आसमान की तरफ सिर करके खड़ा है। आकाश की तरफ मुँह करके जोर से चिल्लाओ– कोई है? कानों को कुछ नहीं सुनायी देगा। 'ध्यान' से सुनो तो सुनायी देगा– तारों की तरह टिमटिमाती असंख्य दुनियाएँ! कई तुम्हारे सूर्य के घेरे से बाहर चमकतीं।

16 दिसम्बर, 2008

मेरे लिए इस वर्ष की सब से बड़ी काव्य घटना थी मेरी 89 कविताओं के संचयन के अंग्रेजी अनुवादों का प्रकाशन। कविताओं का संचयन और अनुवाद मेरे पुत्र अपूर्व द्वारा किया गया, तथा एक सुरुचिपूर्ण ढंग से NO OTHER WORLD शीर्षक से द्वैभाषिक संस्करण में प्रकाशित हुआ। अपूर्व ने अपने अंग्रेजी अनुवादों को हिन्दी मूल के अत्यन्त नज़दीक रखते हुए भरसक उन कविताओं की रक्षा की है जो अनुवादों में प्रायः खो जाती हैं। उसकी भूमिका में भी उस सोच समझ का सार संक्षेप है जिसने मेरी कविताओं के मूल तत्व को बहुत निकट से और पूरी निष्पक्षता से आत्मसात् किया है।

31 दिसम्बर, 2008

विश्व के सांस्कृतिक विकास में, अनुवादकों की साधना और

योगदान को अकसर बहुत ही ऊपरी ढंग से सोचा और समझा गया है। कुछ समय से मेरे दिमाग़ में प्राचीन बौद्ध ग्रन्थों के चीनी अनुवादकों और यूनानी दार्शनिकों के अरबी-फारसी तथा लातिनी अनुवादकों के दृष्टान्त घूमते रहे हैं। खासकर, चौथी पाँचवीं सदी के प्रसिद्ध बौद्ध ग्रन्थों के अप्रतिम विद्वान और अनुवादक कुमारजीव, जिनके संस्कृत से चीनी भाषा में अनुवाद आज भी प्रामाणिक माने जाते हैं मुझे विशेष रूप से आकृष्ट करता है। सब से बड़ा आश्चर्य तो यह कि कुमारजीव के लिए ये दोनों ही भाषाएँ – संस्कृत और चीनी – विदेशी थीं, सीखी हुई भाषाएँ।

यह धारणा मेरे मन पर छाई रही है कि अनुवादकों के जीवन और उनके कार्य को लेकर मनुष्य के जीवन के एक बहुत महत्वपूर्ण सांस्कृतिक पक्ष का उद्घाटन किया जा सकता है। दुनिया में बौद्ध धर्म के फ़ैलने के पीछे फौजें नहीं थीं, केवल कुछ त्यागी, साहसी और समर्पित भिक्षुओं और विद्वानों की अडिग निष्ठा थी। इस शक्ति की कीर्तिगाथा क्यों इतनी उपेक्षित रही है? हिंसा के गढ़ों में अहिंसा के बीज बो सकना मामूली शौर्य नहीं था।

फरवरी, 2009

भारत की खोज में भारतीयों से अधिक अ-भारतीयों और विदेशियों का हाथ रहा है। उन्होंने भारत को अपनी तरह देखा और समझा, हमारी तरह नहीं। हम खुद को जिस तरह देखते हैं और जिस तरह "दूसरे" हमें देखते हैं इस मत-वैभिन्न्य का भी अपने को बेहतर जानने में बुनियादी महत्व है। दूसरों के अपने पूर्वग्रह होना लाज़िमी है, जिससे विसंगतियाँ उत्पन्न हो सकती हैं, तो हमारे पूर्वग्रह भी उतने ही विसंगति-कारक हो सकते हैं। सांस्कृतिक अध्ययनों में इन पूर्वग्रहों को भी जायज़ मानकर जब खुद का अध्ययन किया जाता है तो हमारी अपनी जानकारियों में मूल्यवान और दिलचस्प आयाम जुड़ते हैं। उन्हें पराया न मानकर विभिन्न

परिप्रेक्ष्य मानना चाहिए। सचाई तक पहुँचने के कई रास्ते खुलते दिखाई देते हैं। विदेशी दृष्टि में त्रुटियाँ हो सकती हैं, लेकिन उन्हें ठीक से जाँचे परखे बिना खारिज नहीं किया जा सकता। यह जाँचना परखना खुद में अपने को बेहतर जाँचने परखने की एक जायज़ शास्त्रीय विधि हो सकती है।

विदेशियों द्वारा भारत पर किए गए शोध-कार्य और अध्ययनों की एक बृहद् खोज-सामग्री है जिसके अध्ययनों की ओर हमें बार-बार लौटना पड़ता है। वह सारा अध्ययन केवल 'औपनिवेशिक मानसिकता' से ग्रसित नहीं है। अधिकांश के पीछे सच्ची खोजी मानसिकता और पैशन है। प्राचीन सभ्यताओं के विस्तृत अतीत में पैठ कर उनके रहस्यों को खोज निकालने का पैशन। इस कड़ी में उस सारे काम को दृष्टि में रखना होगा जो प्राचीन यूनान, इजिप्ट, भारत, सीरिया, मध्य एशिया के देशों, चीन आदि देशों तक फैला है और जिसमें सिर्फ़ देश-विशेष के ही नहीं सारी दुनिया के विद्वान और इतिहास-विद् शामिल रहे हैं। इसे अतीत की, यानी मनुष्य के अतीत की, एक विश्वव्यापी अभियान का हिस्सा माना जाना ज़्यादा उचित होगा।

इधर के कुछ दशकों में, दुनिया के फ़ौजी इतिहास की एकरसता को तोड़ते हुए, दुनिया के सांस्कृतिक इतिहास में दिलचस्पी बढ़ी है। मनुष्य का सिपाही-रूप ही नहीं, उसके स्वभाव का साधु-रूप कहीं ज़्यादा प्रबल और सफल रहा है। उसके प्रमाणों पर ग़ौर करना हमारी जीवनदृष्टि को अधिक समृद्ध और मानवीय बना सकता है। साहित्य, विचारों और कलाओं के माध्यम से आदमी के इतिहास को पढ़ना उसके अधिक ऊर्जावान पक्ष को जानना है।

मार्च, 2009

इस बात को थोड़ा ज़्यादा महत्व देकर भी सोचना ज़रूरी है कि तिजारत और उद्योग-धंधे मूलतः शान्ति कालीन गतिविधियाँ है। उनकी

सफलता दो या दो-से-अधिक पक्षों के बीच मैत्रीपूर्ण समझौतों पर आधारित है। युद्ध और लूटपाट व्यापार-तन्त्र के बुनियादी आधार को नष्ट करते हैं।

यह एक ऐतिहासिक सचाई है, जो आज भी उतना ही माने रखती है। समझौतों में खोट और धूर्तताएँ हो सकती हैं, पर उनकी पकड़ और निवारण की चेष्टाएँ बिल्कुल अहिंसक हो सकती हैं। दो देशों के बीच आर्थिक और व्यावसायिक समझौते यौद्धिक समझौतों से बिल्कुल फ़र्क़ माने रखते हैं। यह एक अलग तरह की समझदारी है कि 'विकास', 'प्रगति', 'प्रोन्नति' आदि के अभिप्राय युद्धों की अपेक्षा आर्थिक भाषा में अधिक जनतांत्रिक ढंग से सोचे समझे जा सकते हैं। आज चीन और भारत का एक व्यावसायिक-शक्ति के रूप में उदय उस तरह चिन्ता की बात नहीं है, जैसे फ़ौजी ताक़तों के रूप में उनका उभरना हो सकता था! एक समृद्ध देश इस तथ्य की अवहेलना नहीं कर सकता कि युद्ध उसके लिए क़तई लाभप्रद नहीं है। 'व्यापार और शान्ति' के बारे में सोचें तो शायद हम 'युद्ध और शान्ति' के बारे में भी कुछ दूसरी तरह सोचने को बाध्य होंगे।

अप्रैल, 2009

तेज़ी से बढ़ती हुई व्यावसायिकता के दौर में ऐसा लगना अस्वाभाविक नहीं कि ऐसे मूल्यों का कोई भविष्य नहीं जिनका, उपभोक्ता वस्तुओं की तरह, कोई बाज़ार नही। लेकिन बाज़ारवाद के तन्त्र से ही यह तर्क भी निकलता है कि उन मूल्यों को सब तक पहुँचाने की युक्तियाँ और साधन भी कम कारगर नहीं। जो टी.वी, विज्ञापन, कम्प्यूटर वगैरह मनोरंजन का साधन हैं, वही गंभीर प्रयासों को सब तक पहुँचाने के साधन भी हो सकते हैं। बड़े-बड़े उद्योग धन्धों, कारखानों आदि के समानान्तर उच्चतम शिक्षा-संस्थानों की स्थापना भी नगण्य नहीं। प्रचार प्रसार के माध्यमों का विकास केवल व्यावसायिक नहीं आज हमारे सार्वजनिक,

शैक्षिक, राजनीतिक और सामाजिक जीवन को दूर-दूर तक प्रभावित कर रहा है। मुख्य चिन्ता यह होनी चाहिए कि इस इतनी बड़ी मीडिया-क्रान्ति का सही उपयोग कैसे हो कि जीवन कहीं किसी एक अति में लुढ़क कर असन्तुलित न हो जाए। बाज़ारवाद की अतियों से, उपभोक्ता सामग्रियों से, हम ज़ल्दी ही ऊब जायेंगे। यह इतना ही स्वाभाविक है जितना एक बार उनके पीछे भागना। चीज़ों को प्राप्त करने के तर्क में ही उनकी देखरेख का तर्क भी शामिल है। चीज़ों के घटाटोप से आज़ादी भी आज़ादी का एक बहुत बड़ा अर्थ हो सकता है। मैं इस सम्भावना में विश्वास रखना चाहता हूँ कि साहित्य, कलाओं और विचारों की दुनिया भी इतनी ही आवश्यक हैं जितनी चीज़ों की दुनिया। मुक्ति के फ़र्क़ अर्थों की एक वैकल्पिक दुनिया का अस्तित्व हमारे जीवन के साथ जुड़ा यथार्थ है।

2 अप्रैल, 2009

82 वर्ष जीवन जी चुका हूँ। इस बीच सुख और दुख दोनों को जाना– सुख को कभी-कभी, दुख को लगातार। इस विचित्र अनुपात में कभी कोई फ़र्क नहीं पड़ा। ईश्वर से जब भी मांगा सुख नहीं मांगा, दुखों से लड़ सकने की शक्ति मांगी। वह शक्ति बड़े काम आयी। जीने में भी, और लिखने में भी। अपने अंदर ही एक ख़जाना मिल गया। फिर लड़ना भिड़ना बेकार लगने लगा। उस शक्ति में भरपूर जीवन शक्ति थी जिसके सहारे सारी लड़ाइयों से दूर रहकर भी जिया जा सकता था। वह 'शक्ति' अब क्षीण पड़ रही है, पर उसमें भरोसा ज़्यादा मज़बूत होता जा रहा है। यहाँ तक कि उसे ईश्वर मानने लगा हूँ। उसका कोई रंग, रूप, आकार नहीं। वह बिल्कुल दस्तावेजी प्रभाव है और वक़्त जरूरत काम आता है...

12 अप्रैल, 2009

भीड़ के बीच से भी निकलने के लिए निरापद/ख़ामोश रास्ते निकाले जा सकते हैं। टकराहटों से बचते हुए। धक्के फिर भी लगेंगे ही,

लेकिन ज़्यादा चोट–अन्दरूनी चोट– नहीं आएगी। मन आहत नहीं होगा, अगर यह विवेक बना रहे कि हमें किसी तरह एक मुश्किल परिस्थिति से बाहर निकलना है, उससे जूझना नहीं है। मान अपमान दुनियादारी है, उससे परे भी एक समझदारी है कि सम्मान का अर्थ हम भीड़भाड़ की मौसमी जय-जयकार से न जोड़ें।

17 अप्रैल, 2009

एक मित्रता बिल्कुल भावनात्मक भी हो सकती है जिससे हमें आत्मबल मिले, यह एक ज़्यादा बड़ी मदद हो सकती है कि कोई मेरा आत्मीय हर समय मेरे आस-पास मौजूद है। वह ईश्वर तो नहीं है, पर उस जैसा ही कोई है जिसके होने से मेरा अकेलापन कम होता है। अपनी लड़ाई तो हमें खुद ही लड़नी पड़ती है– पर कोई है जो सच्चे मन से हमारा भला चाहता है– यह आश्वासन भी बहुत बड़ी मदद है जो पायी तो जा सकती है, पर ख़रीदी नहीं जा सकती।

25 अप्रैल, 2009

एक कविता होती है जीवन के बारे में।

एक कविता होती है जो जीवन में प्रवेश कर जाने वाली कविता होती है।

4 मई, 2009

कोई भी वस्तु केवल एक भाषा नहीं बोलती, एक साथ कई भाषाएँ, और उप-भाषाएँ, बोलती हैं। जैसे, पत्ते, फूल, फल, बीज...

मिलकर एक वृक्ष की सम्पूर्ण भाषा बोलते हैं जिसमें सुंदरता है, पूजा है, जीवन है मृत्यु है और पुनर्जीवन है....

21 मई, 2009

सौन्दर्य केवल झलकों में ही दिखायी देता है– जैसे जीवन में वैसे ही कविता में भी– ज्यादातर अपने ही तेज के मण्डल से उद्दीप्त। एक कविता के मंच पर वह 'प्रकट' होता और 'नेपथ्य' में चला जाता, होमर की हेलेन की तरह...

23 मई, 2009

एक ही 'समय' में कई समय 'घटित' और 'व्यतीत' होते रहते हैं। 'समय', धारा की तरह नहीं, एक महाकुण्ड की तरह है जिसमें समय की असंख्य धाराएं कभी गोचर, कभी अगोचर रूप से प्रवहमान प्रतीत होती हैं। किन्तु समय सागर की तरह है– आपूर्यमाण अचल प्रतिष्ठित...।

29 मई, 2009

चीज़ों की जरूरतों की तरह ही सोचने की ज़रूरतों को भी बढ़ाया घटाया जा सकता है। सोचने की ज़रूरत को बढ़ाते ही चीज़ों की ज़रूरतें अपने आप घटने लगती हैं। ध्यान चीज़ों से हट कर विचारों पर ज़्यादा ठहरने लगता। बहुत कुछ उसी तरह जैसे ज़्यादातर लोग बहुत कम विचारों से काम चला लेते हैं, कुछ विचारवान लोग बहुत ही कम चीज़ों से काम चला लेते हैं।

''सीधा-सादा जीवन'' कहने में जितना आसान है जीने में उतना

ही मुश्किल। वह जीवन-दृष्टि बहुत गहरे सोच-विचार के बाद ही मिलती है, जिसे हम "सीधा–सादा जीवन" मान लेते हैं।

2 जून, 2009

जैसे जीवन को सिर्फ़ जीना ही नहीं उसे पढ़ना, 'सोचना' और 'समझना' भी ज़रूरी है, उसी तरह किताबों को सिर्फ़ 'पढ़ना' और 'सोचना', 'समझना' ही नहीं, उन्हें जीना भी ज रूरी है।

11 जून, 2009

कभी-कभी लगता है बेहद थक गया हूँ 'आत्मा' को खोजते-खोजते। जानता हूँ वह मुझ में ही कहीं छिपी है, लेकिन इतनी पारदर्शी कि दिखाई नहीं देती। सोचता हूँ क्यों न उसको स्थूल में सरलीकृत कर लूँ।... अचानक लगा वह मिल गयी। वह पहले ही से स्थूल में मौजूद है। सरलीकृत है। स्थूल को अस्वीकार करते ही वह ओझल हो जाती है। अन्यथा वह दिखाई देती है हर चीज़ में, हर तरफ़, तरह-तरह।

11 जून, 2009

वह मिल जाता है कभी-कभी चलते फिरते, आते-जाते पूछता है– कैसे हो? कहाँ घूम रहे हो? कहाँ जा रहे हो? वगैरह। एक दिन वह मुझे 'वगैरह' में मिल गया। गुमसुम। चुपचाप। अकेला। मैं उसके पास बैठ गया। देर तक। कोई बात नहीं हुई। फिर भी उसके पास बैठे रहना अच्छा लगा। जैसे चित्त को शान्ति-सी मिली। उसने कहा, वार्तालाप का यह भी एक तरीका है। शब्दों से नहीं केवल दो निकटताओं द्वारा बातचीत। सीधे बातचीत। भाषा की दलाली से बच कर।

26 जून, 2009

सबके अंदर कहीं एक आविष्कारक छिपा रहता है– यह संदेह मुझे बचपन से ही रहा है। ऐसा बहुत कुछ हम सब के अंदर छिपा रह जाता है जिसे हम अंत तक नहीं जान पाते। बाहरी जीवन की हलचल, भागदौड़ जब कम हो जाती है– उम्र के कारण, या वितृष्णा से – तब अपने अंदर का छिपा संसार ज़्यादा साफ दिखायी देने लगता है। ऐसे ही किसी मूड में मुझे वह आविष्कारक सहयात्री– समययात्री–मिल गया जिसके साथ मैं अकसर घर बैठे ही लम्बी-लम्बी यात्राओं पर निकल जाता हूँ– कभी इतिहास में, कभी भूगोल में। इस तरह यात्रा के कष्ट से बच जाता हूँ। और यात्रा के रोमांच को भरपूर अनुभव कर पाता हूँ। ये मानसिक यात्राएँ मुझे शारीरिक यात्राओं से कहीं अधिक रोचक लगती हैं।

30 जून, 2009

भारत का सांस्कृतिक इतिहास विचित्र ढंग से अपने अतीत से जुड़ा हुआ रहा है। राजनीतिक इतिहास में जितनी टूटनें रही हैं, सांस्कृतिक इतिहास उतना ही पुख़्ता रहा – अपनी कलाओं, धर्म और जीवनदर्शन में निबद्ध!

योरप के इतिहास में सांस्कृतिक टूटनें आती रहीं – प्राचीन, मध्यकालीन, रिनेसां, एनलाइटेनमेंट, औद्योगिक क्रान्ति, विज्ञान युग, आधुनिक युग, उत्तर-आधुनिक.... यानी हर युग को एक नयी तरह परिभाषित करने की ज़रूरत, और पुराने या पिछले के विरुद्ध।

इसीलिए भारत के आधुनिकीकरण में सब से बड़ी चुनौती रही है पुराने और नये के बीच समन्वय। समन्वय या सामंजस्य विशृंखल भारतीय समाज की एक ऐसी अनिवार्यता है जिसका आधुनिकता के किसी भी जादू से विस्थापन लगभग असंभव है।

2 जुलाई, 2009

अगर हमें इतिहास में उसके सांस्कृतिक और कलापक्ष कम दिखायी देते, या नहीं दिखायी देते, तो यह एक तरह की सांस्कृतिक कम निगाही की निशानी है। लड़ाइयों, चढ़ाइयों और मारकाट की नगाड़ाचीर नौटंकी इतिहास का पूरा मतलब नहीं है।

8 सितम्बर, 2009

संघर्ष की अपेक्षा सौहार्द को ज़्यादा महत्व दिया जाना चाहिए। डारविन के 'विकासवाद' में संघर्ष और समझौते दोनों हैं, पर अकसर संघर्ष को बढ़ा चढ़ा कर देखा-दिखाया जाता है, क्योंकि उसमें नाटकीयता और रोमांच अधिक है। वास्तविक जीवन में शान्तिपूर्ण सह-अस्तित्व का अधिक महत्व है।

10 सितम्बर, 2009

जीवन की तमाम और विविध छवियों का ख़जाना है दुनिया की फिल्में। यह वैभिन्य अपने आप में एक रचना भी है, और रचनाशीलता की स्रोत-सामग्री भी बन सकती है– किसी भी बड़ी कला के अनुभव की तरह।

27 सितम्बर, 2009

हमारे समय के लिए जॉयस से कहीं अधिक प्रासंगिक अब दोस्तोव्स्की हैं। प्रासंगिकता के प्रतिमान भी बदलते रहते हैं– जैसे जीवन में वैसे ही साहित्य में भी। दोस्तोव्स्की ने मानव मन के विकारों को एक भुक्तभोगी की तरह देखा और समझा– अन्दर से, एक समस्या के भीतरी आदमी की तरह। सिर्फ एक डाक्टर की तरह बीमारी को बाहर से नहीं। एक बीमार की पूरी संवेदना, सोच और होश से।

हमारा समय बीमार है। अपनी ही ज्यादतियों से और बीमार होता जा रहा है। उसे अपना दोस्तोव्स्की चाहिए। पेशेवर धनकमाऊ डाक्टरों ने उसे और बीमार कर दिया है। वह एक बाज़ारू व्यावसायिक व्यवस्था के चतुर जाल में फँसा फड़फड़ा रहा है।

5 अक्तूबर, 2009

मार्क्स कवि भी थे। युवा मार्क्स ने जर्मन कवि हाइने के तर्ज पर रोमाण्टिक कविताएँ लिखी भी थीं, तथा मैं कवियों को पसंद करते थे। लेकिन सामाजिक क्रान्ति और परिवर्तन के लिए उन्होंने कविता को साधन नहीं बनाया। राजनीति और अर्थशास्त्र को साधन बनाया। कविता को उन्होंने जीवन के एक महास्वप्न (Grand Vision) की तरह इस्तेमाल किया। उनका 'यूटोपिया' (Utopia) उनकी सबसे बड़ी कविता है।

10 अक्तूबर, 2009

अगर कविता से हमारे जीवनबोध में कोई नया, या अतिरिक्त, आयाम–आंतरिक या बाह्य–जुड़ता है तो उसकी उपयोगिता को लेकर हमें भिन्न तरह सोचना होगा। कविता को खारिज करते हुए नहीं, उसे जीवन का एक जरूरी अंग मानकर– अंग जिसे काट कर अलग नहीं किया जा सकता। उसे स्वस्थ और जीवित रखना होगा। अन्यथा, हो सकता है, हमें पता भी न चले और हमारी चेतना का एक बहुत ही सूक्ष्म और संवेदनशील हिस्सा पंगु और निष्प्राण होता चला जाए।

21 अक्तूबर, 2009

कविता को हम उस तरह अनुभव नहीं कर सकते जैसे ठोस स्थूल

वस्तुओं के स्पर्श को करते हैं। कविता शब्दों के द्वारा हमें शब्दों से परे उस भाषा-लोक में ले जाती है जहां हम अमूर्त भावनाओं, विचारों और 'स्वयं' को भी जीवित अनुभव कर पाते हैं।

21 अक्तूबर, 2009

मनुष्य की स्वाभाविक 'रहस्य-भावना' और 'रोमैन्टिक' कल्पनाओं में भी कविता के बुनियादी अस्तित्व को पहचाना जा सकता है। वह स्थूल को भी अपनी तरह अनुप्राणित करता है– रोज की जरूरतों की तरह नहीं, विशेष कुछ की तरह।

23 नवम्बर, 2009

आज की अधिकांश हिन्दी समीक्षा के साथ "संवाद" और "शोध" की कोई स्थिति बनती नज़र नहीं आती – उन विचारों के साथ तो और भी कम जिनके आधार पर वह एक कृति पर फैसले देती है। अगर किसी बनी बनायी विचारधारा, या विचार विशेष को अकाट्य मानकर समीक्षा के तर्क बनाये जायेंगे तो वह कृतिविशेष की समीक्षा पर विचार विमर्श न होकर विचार-विशेष की वकालत अधिक होगी। कृतिविशेष का यह अधिकार ज़ब्त नहीं किया जा सकता है कि वह किसी भी विचार से संवाद करे, आज़ादी से, अनुयायी भाव से ही नहीं। रचनाकार को भी विचारशील होने की उतनी ही स्वतंत्रता है जितनी समीक्षकों को या विचारकों को।

24 नवम्बर, 2009

कभी-कभी मन में आता कि मैं अब– उम्र के चौथे पहर में– एक निर्वासित जीवन जीना चाहता हूँ। बहुत पहले रूसी उपन्यासकार ईवान

गॉनूशोरोव का 'ऑबलोमोव' उपन्यास पढ़ा था। उपन्यास का नायक दुनिया की भाग दौड़ को त्याग कर गाँव में एक सरल और सुखी जीवन जीता है। यह एक अलग तरह की सनक भी थी, और बिल्कुल अनोखे ढंग की बुद्धिमत्ता भी। जीने के 'उपमान' बदले जा सकते हैं इस तरह कि वह एक भिन्न जीवन शैली भी हो, और अपने ढंग की उपचार-पद्धति भी। यह बुझे मन से परित्याग का उपदेश नहीं, जीवन से एक नया समझौता है, नयी शर्तों पर।

19 जनवरी, 2010

आचार्य हजारी प्रसाद द्विवेदी के "चारु चंद्रलेख" पर मेरी समीक्षा जरूरत से ज्यादा सख़्त थी। – इसका एक छिपा-सा अपराध-बोध मेरे मन में था। द्विवेदी जी की विद्वत्ता के प्रति हमेशा मेरे मन में गहरा आदर और सन्तोष रहा है। उनसे मिलना सदा एक हँसमुख और उदार व्यक्ति से मिलने का सुख देता था। एक चायपार्टी में दिखे। मन में अपनी समीक्षा को लेकर संकोच था : कमरे में उनसे कतराते हुए घूम रहा था। द्विवेदी जी ने दूर से देखा, फिर हँसते हुए आगे बढ़े, और मेरा हाथ अपने हाथों में लेते हुए स्नेह से बोले – मानो मेरे अन्दर के असमंजस को भाँपते और दूर करते हुए – "बहुत सतर्क और सुगठित समीक्षा है तुम्हारी! ... देखो, यदि सद्भाव से लिखी जाय तो सख्त आलोचना भी बड़े काम की होती है – अन्यथा प्रशंसा का भी कोई मूल्य नहीं... "। उनके इस बड़प्पन को कभी नहीं भूला जो मेरे लिए समीक्षा-कर्म के भी एक मूलमंत्र की तरह है।

22 जनवरी, 2010

छठे-सातवें दशक की बात थी मेरा "आत्मजयी" प्रकाशित हो चुका था। पहली मंज़िल से देखा रिक्शा से दिनकर जी उतर रहे थे – ठीक मेरे दफ़्तर के नीचे। दौड़ कर नीचे उतरा। मैंने प्रणाम किया, तो मुझसे पूछा – "कुँवर नारायण से मिलना है? कहाँ बैठते हैं?" मैंने सकुचाते

हुए कहा – "मैं ही कुँवर नारायण हूँ ।" – किचिंत अविश्वास से मुझे देखते हुए पूछा – "तुम्हीं कुँवर नारायण हो?" मैंने कहा, "जी।" तो भी एक अविश्वास उनके चेहरे पर बना रहा। अपना प्रश्न दुहराया – "वही जिसने 'आत्मजयी' लिखा है?" मेरे फिर 'जी' कहने पर ज़ोर से हँसे और अत्यंत सहज भाव से पूछा – "ये बताओ जब तुमने अभी ही 'आत्मजयी' लिख डाला है, तो बुढ़ापे में क्या लिखोगे?" ....क्या जवाब देता।

26 फरवरी, 2010

कविता में 'ठोस तथ्यों' का इस्तेमाल मिलावटी ढंग से ही होता है– लगभग रासायनिक और औषधीय तरीक़े से– ताकि वे कविता के सौन्दर्यपरक भाव-पक्ष को पुष्ट और उत्प्रेरक बना सकें, उसे दबोच न ले। विज्ञान और कानून आदि में तथ्यों की भूमिका बिल्कुल अलग तरह की होती है। वे ठोस तथ्यों और तर्कों द्वारा जिस 'सचाई' को स्थापित करना चाहते हैं, कविता का सच, उनके बरक्स, एक भिन्न प्रकार के भाव-बोध की भाषा है। जिन तथ्यों के बहुत बारीक़ घुलावट और आसव से कवित्त-रस का निर्माण होता है उसका असर सिर्फ़ हमारे दिमागों के जरिये नहीं, पूरे अस्तिबोध में फैलकर प्रविष्ट होता है। तथ्यों का पुट भी काम करता है– वे सौ फ़ीसदी शुद्ध और सही न हों तो भी उनके भस्म भी दवा की तरह काम कर सकते हैं।

2 मार्च, 2010

शब्द मानी-अभिमानी होते हैं। मिथ्या आचरण से उनकी मंत्र-शक्ति प्रदूषित हो जाती है। उनमें फिर से प्राण-प्रतिष्ठा करनी पड़ती है। तब उनमें दिव्यता का ओज प्रकट होता है। शब्दों का दैनिक व्यावहारिक इस्तेमाल अलग बात है। उनकी साधना बिल्कुल अलग तरह का आत्म साक्षात्कार है।

आज यतीन्द्र की होली की शुभकामनाएँ मिलीं। चाहता हूँ उसके और उसके परिवार के साथ मेरे विशुद्ध और निःस्वार्थ साहित्यिक संबंध होते। किंतु जब भी कभी अपनी सांसारिक परेशानियों के लिए उनकी ओर देखना पड़ता है मन ग्लानि से भर उठता है। ऐसे समय मन में यही सद्भाव आता है कि उसको साहित्य में वह सारी सफलता मिले जिसके लिए वह मेरे निकट आया था। इससे अधिक देने लायक अब मेरे पास और कुछ नहीं है...

12 मार्च, 2010

कलाओं को उनकी परस्परता में सोचें तो हर कला का एक बृहत्तर आयाम खुलता है। कविता में संगीत है जैसे संगीत में कवित्व है। सभी कलायें हमारे बुनियादी आवेगो और वृत्तियों से जुड़ी हैं। नौ रस सभी कलाओं का जीवन-रस हैं। ये हर कला का बुनियादी सरगम है।... इन्हीं से उपजते हैं तमाम राग-विराग। यह समझना ही उनके उदारतम संदर्भों और विश्व-बन्धुत्व को आत्मसात करना है। कलाओं की यह विपुलता, यथार्थ का मानवीकरण है।

7 अप्रैल, 2010

एक बड़ी कलाकृति में "यथार्थ" और "कल्पना" की सही मिलावट का महत्व होता है। अकेला यथार्थ या अकेली कल्पना काफ़ी नहीं। दोनों केबीच असंतुलन हो तो भी रचना बेडौल हो जाएगी। उनके बीच गहरी अन्तःप्रक्रिया से ही वह तीसरा निर्माण संभव हो पाता है जिसे हम एक विलक्षण रचना कहते हैं। तब वह विशिष्टि कुछ अस्तित्व में आता है जो इससे पहले नहीं था।

14 अप्रैल, 2010

अजीब संयोग कि "दूसरों" तक भी वही भरपूर पहुंचता है जो

स्वान्तःसुखाय लिखा जाता है! तो क्या "स्व" में और "अन्य" में कोई अन्तर नहीं?

14 अप्रैल, 2010

सभी धर्मों में एक बुनियादी एकता है– शैक्षिक एकता – लक्ष्य और उद्देश्य को लेकर एक नैतिक एकता है। यह शिक्षा देने के तरीकों में 'वैविध्य' है, लेकिन 'अंतर्विरोध नहीं'। इसीलिए उनके ऊपरी तामझाम से नहीं, उनकी उस अन्तरात्मा से संवाद करना चाहिए जो सभी धर्मों की एक है। तब सभी धर्मों की आवाज एक दूसरे में ध्वनित होगी, क्योंकि उनका ईश्वर एक है, उनका जीवन एक है। उनकी मृत्यु एक है।

सभी धर्मों में एक दूसरी तरह की एकता भी है– अशिक्षा और अज्ञान से उत्पन्न होने वाली कट्टरता और अन्धविश्वास की। उससे सावधान।

14 अप्रैल, 2010

सौ करोड़ से भी अधिक आबादी वाले इस महादेश का महा भाग गंभीर वैचारिक और साहित्यिक विमर्शों से बिल्कुल बाहर है। यह हमारी प्रमुख चिंता होनी चाहिए। इस विमर्श में उनकी ख़ास हिस्सेदारी होनी चाहिए जो समझते हैं कि हिंसा और युद्ध और आतंक जैसे अ-मानवीय तरीकों से मानव-कल्याण के रास्ते निकल सकते हैं!

17 अप्रैल, 2010

जब किसी सच्चे जानकार से बात करता हूँ तो उसकी बातों में सभी धर्मों का सार सुनायी देता है। जब किसी मूर्ख या धूर्त से बात करता हूँ तो केवल अधर्म सुनायी देता है।

17 अप्रैल, 2010

जन को साधारण मान कर घटिया लेखन की पैरवी जन के साथ अन्याय है। उच्च कोटि के लेखन में ही 'जन' और 'साहित्य' दोनों का हित है। अन्यथा दोनों का स्तर गिरता है। जनसाधारण में भी असाधारण क्षमताएं हैं : उन्हें अपमानित न करें। उन्हें जगायें। वे जाग उठेंगी। साहित्य यह काम कर सकता है– और करता भी रहा है। ''प्रवेश-निषेध'' की वह तख़्ती हटाइये जो 'महान्' और 'सब' के बीच टंगी है।

18 अप्रैल, 2010

मानव ऊर्जा का भयंकर अपव्यय है इस देश में। मानव-संसाधनों का इतना बड़ा भण्डार.....बिल्कुल ऊलजलूल ढंग से ख़र्च हो रहा, या बेकार पड़ा है। अगर उसका अनुशासित ढंग से इस्तेमाल हो तो भारत कहीं से कहीं पहुंच सकता है।

26 अप्रैल, 2010

कविता हमारे हर्षोल्लास, संघर्ष और दुख दर्द की स्वाभाविक अभिव्यक्ति है। वह हमारे जीवन और भाषा में रची बसी है। अग्निपक्षी की तरह उसमें अपनी ही भस्म से बार-बार निकल कर जी उठने की अमर जीवन-शक्ति है।

अप्रैल, 2010

मेरे कपड़े पहनने के ढंग में थोड़ी लापरवाही और बेफ़िक्री थी। किसी ने टोका, पर यह नहीं देखा कि मैं कितना आज़ाद हूँ मौसमी फ़ैशनों के तौर तरीकों से। सब से अलग होकर चलना अराजकता नहीं,

आत्म-विश्वास की निशानी भी हो सकती है। सब जैसा कर रहें हैं वैसा ही करो का मतलब है सब से डरने की डरपोक मानसिकता का पोषण।

10 मई, 2010

इस धोखे में न तो हूँ, न किसी को रखना चाहता हूँ, कि जो लिख या कह रहा हूँ वह बिल्कुल मौलिक और नया है। ''दुहराव'' प्रकृति का नियम है। विकासवाद कहता है कि इस ''दुहराव'' में जब कहीं कुछ चूक, या त्रुटि, होती तो नया या अजूबा या अनोखा कुछ पैदा होता। कोई नहीं जानता कि वह 'नया' ''प्रगति'' है या ''विकृति''। अनुभवों से भरा जीवन, और किताबों से भरा अध्ययन-कक्ष, – जो लिखा वहीं से मिला।

15 मई, 2010

उस जीवन का आविष्कार करते रहना पड़ता है जिसे हम जीना चाहते हैं। जीवन-वस्तु विपुल है। उसमें से जो अपने काम का है उसे चुन कर अर्थवान बनाना पड़ता है– अपने लिए भी, और सबके लिए भी। चीज़ों को ग्राहक की तरह ग्रहण करने, और उन्हे निर्माता की तरह रचने में बुनियादी फ़र्क है। मैं अपनी बनायी दुनिया में जीना चाहता हूँ : दूसरों की बनायी दुनिया की गुलामी नहीं करना चाहता। दूसरों की दुनियाओं में केवल पर्यटक की तरह जाना चाहता हूँ– लेनदेन, रस्म रिवाज़ वगैरह कम से कम रखते हुए। ये ऊपरी दिखावों से बांधते हैं। यहीं सारे पाखण्ड की जड़ है। बिना बांधे और बिना बंधे भी एक सुन्दर जीवन जिया जा सकता है।

15 मई, 2010

सम्पूर्ण जीव-जगत एक ही खूंटे से बंधा है। यह सोचना भ्रम है कि हम एक दूसरे से बंधे हैं। हम कितने आज़ाद हैं यह उन छोटी बड़ी

रस्सियों पर निर्भर है जिनसे हम बंधे हैं। रस्सी बहुत लम्बी हो सकती है, किन्तु बन्धन तो वह फिर भी होगी ही...

15 मई, 2010

तुम ठहर नहीं सकते क्योंकि कुछ भी ठहरा हुआ नहीं है। तुम चल भी नहीं सकते क्योंकि सब कुछ पहले ही से चल रहा है, तुम समेत। चलती ट्रेन, प्लेन या रॉकेट के अन्दर तुम बैठे हो, या चल रहे, या सो रहे इससे कोई फ़र्क नहीं पड़ता। तुम ज़मीन पर उतरे हो, पर महसूस नहीं कर रहे कि ज़मीन भी उड़ रही है अपनी धुरी पर भी और सूर्य के चारों ओर भी ...। फिर भी तुम सोच सकते हो हजारों वर्षों को किसी एक क्षण में ठहरा कर।

22 मई, 2010

ग़ालिब यक़ीनी तौर पर ज़िन्दगी के शायर हैं। भरपूर ज़िन्दादिली उनके मिजाज़ में है। जो जीवन नहीं वह उनके लिए असह्य है। फिर भी उनकी शायरी मौत की दहशत और संत्रास से भरी पड़ी है- क्योंकि मौत उस जीवन की जानी दुश्मन है जिसे ग़ालिब हृदय से प्यार करते हैं।

22 मई, 2010

योरप की ''आधुनिकता'' ''आधुनिकता'' का अंतिम मापदंड नहीं है। ऐसी भी विश्व-सभ्यताएं हैं जिन्होंने ऐसे जीवन-मूल्य दिए हैं जिनसे ''आधुनिकता'' को पहचान देना अक़्लमन्दी होगी। ....यह भी एक अन्धविश्वास हो सकता है कि जो ''नया'' है वह आंख मूंद के ग्रहणीय

है, और पुराना सर्वथा त्याज्य। ''नया'' अपने आप में कोई मूल्य नहीं : सही जीवन-मूल्य पुराना भी हो सकता है– समयसिद्ध। हम कबीर में यह तो ढूंढ़ते हैं कि उनमें ''नया'' क्या है...''आधुनिक'' क्या है...। पर, यह क्यों नहीं खोजते कि उनमें ऐसा क्या है जो छः सदियों बाद भी उन्हें हमारे लिए प्रासंगिक ठहराता है– जो पुराना नहीं पड़ता – शायद, पहले से कुछ ज़्यादा ही प्रासंगिक होता जाता है।

कबीर की जीवन-दृष्टि एकांगी नहीं, सर्वांगीण है। उनके रहस्यवाद और अध्यात्म में अगर जीवन और मृत्यु संबंधी यथार्थ का गहरा बोध है, तो उनकी भौतिक दृष्टि सामाजिक कुरीतियों और धार्मिक पाखण्ड को लेकर भी उतनी ही सजग हैं। वे न तो कट्टर रहस्यवादी हैं, न ही कोरे समाज-सुधारक। उनके जीवन-सर्वेक्षण से कुछ भी छूटता नहीं। जीवन और जगत को देखने की एक समग्र यथार्थ-दृष्टि –

28 जून, 2010

कुशिक्षित उच्चस्तरीय जीवन– बोध जिसमें पैसे की भरमार हो तो फूहड़पन की भरमार और बढ़ जाती है। वह श्रेष्ठ को भी औसत, या उससे भी नीचे, उतार लाता है। औसत या निम्न जीवनबोध औसत ही रहता है। अक्ल से गरीब रईसों का भी एक खास वर्ग है।

30 जुलाई, 2010

एक शोध-छात्रा ने फ़ोन पर मुझसे सीधा प्रश्न किया– ''कुछ लोग अज्ञेय के लेखन को ''आत्म-केन्द्रित'' मानते हैं। उसी परम्परा में रखकर कभी-कभी आप पर भी विचार किया जाता है। इस पर आप क्या कहना चाहेंगे?''

''ज़्यादातर लोग ''आत्म'' के बारे में एक ही तरह, और बहुत स्थूल ढंग, से सोचते हैं। अज्ञेय भिन्न तरह सोचते है– और ज़्यादा बारीकी से सोचते हैं। मैं शायद उनसे भी भिन्न तरह सोचता हूँ। उस अन्तर को परिलक्षित किया जाना चाहिए जो अज्ञेय के ''आत्मनेपद'' और मेरे ''आत्मजयी'' में है। आत्म - (SELF) एक चेतन-बीज की तरह है। मुख्य बात है वह एक लेखक/कवि की कृतियों में किस तरह 'प्रस्फुटित' और 'विकसित' होता है– एक विशाल छतनार वृक्ष में। मैंने हमेशा ''आत्म'' के अर्थों को सार्वकालिक और सार्वभौमिक में विस्तृत करने की कोशिश की है ताकि मनुष्यता का बड़े-से-बड़ा 'स्पेक्ट्रम' दिखायी दे। अज्ञेय के ''आत्म-'' में आत्मकथात्मक प्रामाणिकता और सचाई पर पाठक की दृष्टि रहनी चाहिए। अज्ञेय 'आत्म' के माध्यम से अपने मानसिक और भौतिक अनुभवों पर चिंतन-मनन करते हैं। साहित्य-रचना का यह तरीक़ा भी नाजायज नहीं, यदि उसका सब के अनुभवों में 'साधारणीकरण' हो सके। सिद्धांततः स्वयं अज्ञेय 'परस्य न परस्येति, ममेति न ममेति च'– वाली स्थिति के समर्थक थे। अज्ञेय के लेखन का बड़ा और विविध संसार है। उसे संकुचित करके अज्ञेय के 'आत्म' की व्याख्या अनुचित है।'' भारतीय दर्शनों, काव्यशास्त्र और साहित्यों में आत्म-चिंतन का इतिहास और परम्परा हज़ारों साल गहरी और पुरानी है। उसका भरपूर असर भारतीय जीवन, भाषाओं और आचार-विचार पर रहा है। नये विचार उसमें तरह-तरह से घुलते मिलते – या अस्वीकृत भी – होते रहे हैं। आधुनिकता के साथ भी ऐसा हुआ कि हर देश की अपनी संस्कृति और ऐतिहासिक अनुभवों ने नये विचारों को अपनी तरह ग्रहण या खारिज किया। बाहरी प्रभाव कभी भी 'एकतरफ़ा' और 'एकरस' नहीं होते : 'क्रियात्मक' और 'प्रतिक्रियात्मक' होते हैं।

2 अगस्त, 2010

'आध्यात्मिकता' का भी एक समाज है। – उसका वर्तमान, अतीत और परम्परा है। वह नगण्य नहीं। उसमें आत्मबल है– केवल

पशुबल नहीं। वह एक सुसभ्य और विनम्र समाज है। उसकी सदस्यता बिल्कुल निजी और आत्मिक स्तर पर संभव है। उसके किसी 'संगठन' और 'प्रदर्शन' में शामिल होना नहीं। हम उसे जी सकते हैं एक सुन्दर स्वप्न की तरह– एक उदात्त विचार की तरह– एक असीम अनुभव की तरह–। वह स्वयं का दर्शन है, अपने आप में परिपूर्ण, 'स्वयं' को 'सर्व' में विस्तृत करता हुआ। जैसे, ''ईशावास्यम् इदं सर्वम्...''।

7 अगस्त, 2010

प्रकृति हमारी तरह नहीं सोचती। जैसे हम प्रकृति की तरह नहीं सोचते। उसके सोच में अन्तिम फ़ैसले नहीं हैं, क्योंकि न कुछ अन्तिम है न आरम्भिक। प्रकृति के सोचने की ''भाषा'' और ''गणित''– और दोनों के व्याकरण (नियम) हमारी ''भाषा'' से बिल्कुल भिन्न हैं। प्रकृति हमारे तर्कों और वितर्कों की-सी भाषा में नहीं सोचती, जीवन की भाषा में सोचती है। वह केवल घटित होती रहती, और वह भी ''क्रमानुसार'' नहीं – ''व्यतिक्रमानुसार''! – उलट-फेर की ऐसी ''संकेतिकाओं'' में जो मस्तिष्क की भाषा नहीं, जीवरचना की परस्पर गुंथी हुई भाषाएं हैं। ''विकास'' जैसी सीधी और सरल अवधारणा उस पर लागू नहीं होती। उसका तरीक़ा अत्यंत जटिल और बहुतरफा है। उसे यांत्रिक ढंग से समझने की चेष्टा अत्यन्त बुनियादी है। सीधी रेखाओं की भाषा कुछ-कुछ विरामों की तरह है जिनके बीच शब्दों– असरल शब्दों की – दूर तक फैली उलझी दुनियाएं हैं। प्रकृति की भाषा में विराम नहीं हैं। वह अविराम गति से प्रतिपल बदलती रहती है। हवा, पानी, आग, रोशनी आदि की अक्षर-वर्णमाला। मनुष्य उसमें आनुषंगिक है। वह अपने को केन्द्र में रख कर सरल रेखाओं में सोचता है। प्रकृति में सरल और सीधी रेखाएं हैं ही नहीं। पूरे सौरमंडल में ग्रहों और उपग्रहों की गति 'चक्राकार' और 'वक्राकार' है। 'ब्रह्माण्ड' अण्डे की तरह गोलाकार कोशिकाओं का एक विराट महापुंज है। वह 'ध्वनि', 'प्रकाश', 'समय', 'वायु' जैसे तत्वों का

संगुंफन है। देखने में पदार्थ की तरह ठोस दिखता है, पर दरअसल वह 'चेतना' की तरह अ-ठोस अमूर्तन है। उसका बाहरी रूपाकार चंचल है और प्रतिपल बदलता रहता है-- सपनों की तरह -- लेकिन बुनियादी तत्व और गुण अणुवत् है।

7 अगस्त, 2010

लोक-साहित्य और लोक-कलाओं की ही तरह लोक-समीक्षा का भी एक जायज़ वर्ग बनता है। एक कबीर और तुलसी के आकलन के शास्त्रीय, वैज्ञानिक और भाषाई तरीके जो भी हों, उनकी लोकप्रियता के कारण बिल्कुल भिन्न हो सकते हैं। लोकप्रियता बिल्कुल अपनी तरह एक साहित्य के स्थायित्व को तय करती है। ठीक उसी तरह जैसे भाषा व्याकरण के नियम को तोड़ते हुए बिल्कुल जैविक और व्यावहारिक ढंग से विकसित होती है। बड़े साहित्य के संरक्षण में लोक-रुचि की भूमिका भी निर्णायक होती है। जन-समीक्षा की इस कम मुखर जीवन-दृष्टि को भी गंभीर समीक्षा में शामिल किया जाना चाहिए। शास्त्रीय समीक्षा के अभिजात वर्ग से बाहर भी समीक्षा का एक बड़ा समाज है जिसकी उपेक्षा नहीं की जा सकती।

8 अगस्त, 2010

सुशिक्षित, समझदार और ज़िम्मेदार पत्रकार तथा मीडिया से जुड़े लोग इस समय समाज की पहली ज़रूरत हैं। दुनिया में इस समय श्रेष्ठतम जो सोचा और लिखा जा रहा है उसे आसान करके सब तक पहुंचाना एक बहुत बड़ी ज़िम्मेदारी का काम है। पत्र-पत्रिकाएं, अख़बार और मीडिया हमारी रोज़ की ज़िन्दगी के ज्यादा पास हैं। लोगों की सही रुचि के निर्माण में इस निकटता का निर्णायक महत्व हो सकता है।

15 अगस्त, 2010

लिखने की प्रेरणा और सामग्री जीवन से ही नहीं साहित्य, कलाओं और विचारों से भी मिलती है जिनमें मनुष्य जाति के तमाम अनुभव और अनुभूतियाँ संचित हैं। वे भी जीवन का ही अंग हैं। बहुत कुछ इस पर निर्भर करता है कि हम उनके साथ कितना गहरा ताल्लुक बना पाते हैं। वह बिल्कुल सतही और यांत्रिक ढंग का भी हो सकता है, और एक जीता-जागता संवाद भी। उसका प्रभाव इतना उत्तेजक भी हो सकता है कि उससे हमारे सोचने और जीने का तरीक़ा बदल जाए। जब हम साहित्य की उस शक्ति को पहचान पाते हैं, खुद की लिखने की शक्ति का आकलन भी कर पाते हैं। लिखने का पढ़ने के साथ नज़दीकी रिश्ता है।

21 अगस्त, 2010

मेरी कवितायें तीखी तर्रार रेखाओं से नहीं बनती। उनमें गाढ़े हल्के रंग के उमड़ते घुमड़ते बादलों के-से-आकार एक दूसरे में घुलते मिलते हैं। परा-सृष्टियाँ स्थापित होती हैं। धीरे-धीरे वे समय के साथ कल्पना में ठोस हो गई-सी लगती हैं। उनकी ताक़त पत्थरों की तरह कठोर नहीं, पत्थरों से रगड़ खाती, चोट खाती टकराती लहरों की तरह नम्र होते हुए भी अपने में निमग्न कर लेने वाली होती है। वह ताकत जो हमसे लड़ती हराती नही— अपनी अमन गहराइयों में ले जाने के लिए आमंत्रित करती है।

22 अगस्त, 2010

'अवध' और 'अवधी' की बात सोचता हूँ तो क्षेत्रीयतावाद की ओर भी ध्यान जाता है, और उधर ध्यान जाता है तो 'संकुचित क्षेत्रीयतावाद' की ओर भी। साहित्य और कलाओं में जब 'आधुनिकता' की बात ज़ोरों पर चली थी तो कुछ लोगों को लगा कि यह विदेशी प्रभाव

है जो देशी पर छा गया। उसके जवाब में 'भारतीयता', 'क्षेत्रीयता', 'अपनी जड़ों', 'अपनी पहचान' की खोजें नये ज़ोर शोर से शुरू हुईं। कुछ मानों में यह प्रतिक्रिया जरूरी भी थी– इसने हमारा ध्यान दूसरों से हटाकर कुछ समय के लिए अपनी ओर फेरा। दूसरों को समझने से पहले अपने को, अपने इतिहास और वर्तमान को समझना जरूरी होता है। किसी भी नये आंदोलन के अपने आकर्षण और अतिवाद या दुराग्रह भी होते हैं जिनके खिलाफ प्रतिक्रिया स्वाभाविक है, लेकिन धीरे-धीरे इस प्रतिक्रिया का भी अपना अतिवाद स्थापित होता है। लेकिन प्रेमचंद सतर्क थे। वे जहाँ एक ओर अपनी ज़मीन और समाज, यानी अवध से, गहराई से जुड़े रहे वहीं उर्दू को भी उतनी ही आत्मीयता से ग्रहण किए हुए थे। आज हम जिस खड़ी बोली को साहित्यिक भाषा, और नागरिक भाषा के रूप में मान्यता दे चुके हैं उसकी जड़ों में देशी और विदेशी प्रभाव इस तरह घुले-मिले हैं कि उन्हें आज अलग करना असंभव है।

26 अगस्त, 2010

कविता का मूल्यांकन नहीं किया जाता : यह उसे जाँचने परखने का बाजारू तरीक़ा है। कविता की सिर्फ पहचान की जाती है उससे 'संवाद' और कविता पर 'विचार' किया जाता है : और यह उसे जानने, पहचानने और अपनाने का मानवीय तरीक़ा है। मतभेद हो सकता है। दुश्मनी नहीं। न ही एकतरफ़ा फ़ैसले। पसन्द नापसन्द भी निजी के इसी दायरे में रहती है।

29 अगस्त, 2010

कम लिखता हूँ – उतना ही लिखना और छपाना चाहता हूँ जितना ज़रूरी हो। लिखने का शौक़ है। लिखने की बीमारी नहीं। कम लिखना ग़लत नहीं। बेकार लिखना बेकार है...

3 सितम्बर, 2010

प्राकृतिक दृश्यों और ऐतिहासिक स्थानों के प्रति शुरू से ही मेरे मन में अतिरिक्त आकर्षण रहा है। वे मेरे अंदर अजीब तरह के सपने जगाते हैं। यात्राओं का शौकीन रहा हूँ– यात्राएँ जो केवल भौगोलिक नहीं, विभिन्न ऐतिहासिक समयों में भी मुझे आज भी भटकाती रहती हैं। यात्राएँ, पड़ाव और भटकाव मुझे जीवन और साहित्य के भी सटीक रूपक लगते हैं।

कश्मीर की पहली लम्बी यात्रा– अमरनाथ तक– आज भी यादों में चटक बनी हुई है। तब तक कश्मीर के इतिहास की मुझे कोई जानकारी नहीं थीं। उस उम्र पर मेरा जो भी संवाद हुआ वह कश्मीर के प्राकृतिक सौंदर्य से ही। आज सोचता हूँ उसमें यदि कश्मीर का वह सांस्कृतिक इतिहास भी शामिल होता, जिसे बाद में जाना तो वह यात्रा और भी रोचक होती। संस्कृत साहित्य, और ख़ासकर भारतीय 'विचार-साहित्य', कश्मीर से अनिवार्य रूप से जुड़ा है। इधर के वर्षों के अध्ययनों से जाना कि वह भारत ही नहीं पूरे एशिया के सांस्कृतिक इतिहास से भी उतनी ही घनिष्ठता से जुड़ा है। ख़ासकर उसका बौद्ध और शैव अतीत। कश्मीरी पण्डितों और विद्वानों का न केवल भारत बल्कि पूरे एशिया में आना जाना रहता था, और राज दरबारों में उनका बहुत आदर था। उनके पाण्डित्य की धाक सर्वमान्य थी। और इसी ख्याति ने शंकराचार्य जैसे प्रकाण्ड दार्शनिक-कवि को आकृष्ट किया होगा....

19 सितम्बर, 2010

आज मेरा जन्मदिन है– 83 वर्ष पूरे हुए। रात 12 बजे अपूर्व ने जगाकर बहुत प्यार से मेरे प्रति अपनी शुभकामनाएँ दीं। मन स्नेह और कृतज्ञता से भर उठा। उसमें भारती ने अपना प्यार भी भर दिया तो लगा, अरे, मेरे पास तो इतनी 'जगह' ही नहीं कि उसमें दोनों का प्यार बिना छलके समा सके!

22 सितम्बर, 2010

हिन्दी हमारे घर की भाषा है। आपसी सम्बन्धों, मेल मिलाप, मुहब्बत और आचार विचार की भाषा है। कविता और कलाओं की भाषा है।

अंग्रेजी हमारे लिए तिजारत और व्यवहार की भाषा है। दुनिया से बातचीत की व्यावहारिक भाषा है। उद्योग-धन्धों की भाषा है। आर्थिक और राजनैतिक समझौतों की भाषा है। आँकड़ों की भाषा है। जानकारियों की भाषा है। कानूनी समझौतों की भाषा है। हमें आज की दुनिया में रहने के लिए दोनों भाषाओं की जरूरत है। इसलिए दो भाषाओं की जरूरत है। और दोनों भाषाएँ हमारे पास हैं! एक भाषा से भी किसी तरह दोनों काम निकाला जा सकता है, लेकिन कामचलाऊ ढंग से ही। और आज की दुनिया में सिर्फ कामचलाऊ ढंग से काम नहीं चलेगा। पुराने जमानों में चल जाता था। लेकिन आज की दुनिया ज्यादा जटिल और उलझनों से भरी हो गई है। उनका एक नेटवर्क बन गया है। सीधे रास्ते नहीं हैं। रास्तों के जाल हैं। अपना रास्ता पाने के लिए भी एक ऐसी भाषा चाहिए जिसमें हम दूसरों से पूछताछ तो कर सकें। न केवल अंग्रेजी बल्कि अन्य कुछ भारतीय भाषाओं की जानकारी भी जरूरी है। हम कई भाषाओं में जीने के लिए बाध्य हैं। आज अधिकांश देशों में यही स्थिति है।

इस स्थिति को स्वीकार करते हुए हमें हिन्दी साहित्य के समृद्धि की चिन्ता करनी चाहिए। उस माने में वह दुनिया की किसी भी भाषा से होड़ ले सकने में पूर्णतः सक्षम है। उसकी वंशावली अत्यन्त समृद्ध है। उसमें मानवीय सम्बन्धों की आत्मीय ध्वनियाँ और अंतर्ध्वनियाँ पूर्णतः जीवित और सुरक्षित हैं। उसमें विश्व साहित्य हो सकने का दमख़म है।

30 सितम्बर, 2010

कुछ दिनों पहले एक कम्प्यूटर ने मुझे चालीस हजार रुपयों में ख़रीदा है! आजकल उसकी गुलामी में हूँ। उसके नखरों को सिर झुका कर

झेलने में ही अपना कल्याण देख रहा हूँ। उसका वादा है कि एक दिन वह मुझे लिखने पढ़ने की पूरी आज़ादी देगा। फिलहाल, उसकी एकनिष्ठ सेवा में ही मेरा उज्ज्वल भविष्य है।

इसके पहले एक मोटर मुझे भारी दामों में खरीद चुकी है। उसकी सेवा में भी हूँ। दरअसल, चीजों का एक पूरा परिवार है जिसकी सेवा में हूँ। आदमी का स्वभाव नहीं बदलता– या बहुत कम बदलता है। गुलामी करना करवाना उसके स्वभाव में है। सिर्फ़ तरीक़े बदले हैं, गुलामी की प्रवृत्ति नहीं। हजारों साल पहले एक आदमी मालिक होता था और उसके दर्जनों गुलाम होते थे : अब हर चीज़ के दर्जनों गुलाम होते हैं।

4 अक्तूबर, 2010

बहुधा हम पारिभाषिक शब्दों के अर्थ को सीमित करके सोचते हैं। जैसे रचनाप्रकिया का अर्थ एक गद्य, कविता या चित्रकला तक सीमित नहीं। रचना एक सतत प्रकिया है जो सृष्टि में हर घड़ी चल रही है। उससे जोड़कर या उससे जुड़कर सोचें तो काव्य रचना के अर्थ अधिक विस्तृत होंगे। हम समझेंगे कि कविता लिखना ही नहीं, उसे पढ़ना भी उतनी ही बड़ी रचनाशीलता है, जिसमें केवल कवि ही नहीं, उसके पाठक भी उतनी ही घनिष्ठता से शामिल हैं। हम एक विराट रचना प्रकिया में शामिल हैं : शब्द रचना भी उसका एक हिस्सा है।

"Working in philosophy ... is really more a working on oneself. On one's own interpretation. On one's way of seeing things."

"I think I summed up my attitude to philosophy when I said: philosophy ought really to be written only as a poetic composition."

—Ludwig Wittgenstein, Culture and Value

5 अक्तूबर, 2010

केवल प्रेम में ही यह महाशक्ति है कि वह हमारे अन्दर जीने की अपार इच्छा भर दे। इसलिए शायद प्रेम सब से बड़ा यथार्थ भी है, और सब से बड़ा सपना भी।

13 अक्तूबर, 2010

बचपन में पानी में डूबने की एक घटना याद आती है। स्थान गुप्तार घाट, अयोध्या से 4-5 मील दूर। कहते हैं यहीं राम ने जल-समाधि ली थी। तैरना सीख रहा था कि एक दिन पानी के बहाव में आ गया। कुछ पल, सब कुछ पानी पानी!..... किसी ने खींच कर पानी से बाहर निकाला। सामने मामा का हँसता हुआ चेहरा – "बच गए –!" मैं भी हँस दिया, या शायद रो दिया था। पर तब से डूबने से अधिक बचाये जाने का एक हँसता हुआ वत्सल चेहरा भुलाये नहीं भूलता। अब न माँ है न मामा, लेकिन बचाने वाले कम नहीं!

26 अक्तूबर, 2010

बहुआयामी का एक मतलब मेरे लिए बहु-परिप्रेक्ष्यीता है। हम एक कविता में बिल्कुल निजी (personal/ subjective) भी हो सकते हैं, तटस्थ या वस्तुनिष्ठ (objective) भी हो सकते हैं – और दोनों एक साथ भी। लेकिन एक तीसरे परिप्रेक्ष्य की संभावना भी बनती है – एक रचना के समय और action में हिस्सेदार भी, और रचना को बाहर से देखती स्रष्टा या द्रष्टा और विचारक चेतना भी। जैसे, महाभारत में व्यास पात्र भी हैं, द्रष्टा और स्रष्टा भी हैं और विचारक भी। उनका काव्य वह जीवन-व्यापार है जिसका वे कारण भी हैं। वे एक साथ एक से अधिक मानसिक समयों में जीते हैं – एक वह वर्तमान जिसमें वे हैं। और

दूसरा वह समय जिसमें वे रचनाकार हैं। यही उदाहरण वाल्मीकि के रामचरित पर भी लागू होता है जिसमें वे स्वयं एक पात्र भी हैं, और उस काव्य संसार के रचनाकार भी जिसे वे रचते हैं। कविता में घनत्व और ठहराव लाने के लिए यह विधि उपयोगी है। नितान्त subjective कविता को भावनाओं का आयतन बहा ले जा सकता है। बिल्कुल objective कविता नीरसता की हद तक वृत्तात्मक हो जाती है। एक रचना में इनका संतुलित महत्व होना चाहिए...

मेरी 'सरहपा' और 'कबीर' जैसी कविताओं में इस चेष्टा को पढ़ा जा सकता है – वे उतनी ही subjective हैं जितनी objective। कबीर और सरहपा स्वयं कवि के भी तमाम अनुभवों को व्यक्त करते हैं, जितना कवि उनके मनोभावों को चित्रित करता है।

27 अक्तूबर, 2010

मैं एक गुलाम का सपना हूँ। मैं भाग रहा हूँ दुनिया से बच कर उसी के अन्धे गलियारों में। जागते ही पकड़ा जाता हूँ, और पेश किया जाता हूँ गुलामों के बाज़ार में। रोज खरीदा और बेचा जाता हूँ। वे जो मेरी उपयोगिता जानते हैं मेरे ख़रीददार हैं, जो नहीं जानते, मुझे बेच देते रद्दी के भाव। मुझे लिखने का शौक है। लिखना चाहता हूँ। दूसरों के अनुसार नहीं लिख पाता तो, अपमानित किया जाता हूँ। मेरी किताबों के विक्रेता नुकसान नहीं उठाना चाहते, फ़ायदे में रहना चाहते हैं। मैं एक दिन, जैसे वह फिर कभी नहीं आएगा, नफ़े नुकसान की दुनिया से बिल्कुल बेख़बर होकर जीना चाहता हूँ। मैं जीना चाहता हूँ, लिखना चाहता हूँ– बिल्कुल अपनी तरह– मैं कुछ नहीं करना चाहता– केवल, कुछ न करने की संपूर्ण आज़ादी चाहता हूँ। मैं इस चाहने को लेकर विवश हूँ।

आज का पृष्ठ लिख रहा हूँ जैसे वह अन्तिम हो, जिसे शुरू किया

हज़ारों साल पहले। आज एक किताब पढ़ रहा हूँ जैसे वह पहली किताब हो हज़ारों साल पहले लिखी गई। थक गया हूँ हज़ारों वर्षों का हिसाब रखते। आज को जीना चाहता हूँ सिर्फ़ एक अच्छे आज की तरह बिना किसी शुरू या अंत को सोचे हुए। यह यदि असंभव है तो एक असंभव को जीना चाहता हूँ एक सपने की तरह।